PORTUGIESISCH im Handumdrehen

Tien Tammada

PONS GmbH
Stuttgart

Vorwort

Das Reisen in fremde, ferne Länder ist eine wunderbare, herrliche Sache. Auf einer Liste der schönsten Dinge für alle Menschen liegt das Reisen vermutlich weltweit auf einem der allerersten Plätze.

Aber vor jeder Reise in die Fremde liegt die Hürde einer neuen Fremdsprache. Vielen Menschen erscheint es als unüberwindbar sich auf das Lernen einer neuen Fremdsprache einzulassen. Dabei ist es nicht so schwer eine neue Sprache zu lernen und so neue Möglichkeiten zu erlangen.

Ganz egal, ob es dein Ziel ist, eine Urlaubswoche im zauberhaften Portugal zu verbringen, ob du gerne mit einem Menschen aus Portugal flirten möchtest oder zum richtigen Zeitpunkt erkennst, dass ein anderer mit dir flirtet (wer weiß, vielleicht verpasst du in solch einem Augenblick gerade die Gelegenheit, deinen Traumprinzen oder deine Prinzessin fürs Leben zu finden), oder ob du einen kompletten Neustart in Portugal planst, warte nicht damit den ersten Schritt auf diesem Weg zu gehen.

Lass dich nicht davon abhalten, deinem Herzenswunsch zu folgen. Wage dich und triff die Entscheidung, dich der portugiesischen Sprache zu stellen.

Jetzt und sofort!

Sobald du deine Herzensentscheidung getroffen hast Portugiesisch zu lernen, steht dir dieses Buch für den ersten Schritt zur Seite. Du brauchst nach diesem Entschluss nicht unbedingt sofort einen Sprachkurs zu belegen oder dich um die kompliziert wirkende Grammatik zu kümmern.

Jeder, der schon einmal eine Sprache erlernt hat und diese gut beherrscht, weiß, dass das Wichtigste, der allerschnellste und einfachste Weg, der Sprung ins kalte Wasser ist. Hast du erst einmal angefangen, läuft es wie von alleine.

Bereite dich nicht lange vor und springe, denn probieren geht über studieren.

Dieses Buch, mit seinen passenden Bildern, Illustrationen, Wortzusammenstellungen und wertvollen Sätzen hilft dir dabei. Bei den ersten Sprachhürden auf deiner Reise kannst du das passende Kapitel aufschlagen. Dort findest du die wichtigsten Sätze und Begriffe dazu.

Wenn es mit deiner Aussprache noch nicht hundertprozentig klappt, dann kannst du mit dem Zeigefinger auf das Bild oder den danebenstehenden Satz tippen und du wirst dich sofort verständlich machen können. So simpel und so schnell ist es, denn dieses Buch heißt:

Portugiesisch im Handumdrehen.

Inhalt

Alltagssätze, Alltagsschätze

Conversas diárias úteis
[kõˈvɛrsɐʃ ˈdjarjɐz‿utaiʃ]

Begrüßung

Cumprimento
[kũpriˈmẽtu]

Bom Dia!	Boa tarde!	Boa noite!	Olá!
[ˈbõ ˈdiɐ]	[ˈboɐ ˈtardə]	[ˈboɐ ˈˈnoitə]	[ɔˈla]
Guten Morgen! Guten Tag!	Guten Tag! Guten Abend!	Guten Abend! Gute Nacht!	Hallo!

Como está? / Como estás?

[ˈkomu iʃˈta / ˈkomu iʃˈtaʃ]

Wie geht es Ihnen?/Wie geht es dir?

Bem, obrigado/obrigada.

[ˈbɐ̃i ɔbriˈgadu ɔbriˈgadɐ]

Es geht mir gut, danke.

Sim.	Não.
[ˈsĩ]	[ˈnɐ̃w̃]
Ja.	Nein.

Obrigado. Obrigada.	Muito obrigado. Muito obrigada.	De nada.	Com prazer.
[ɔbriˈgadu] [ɔbriˈgadɐ]	[ˈmũint‿ɔbriˈgadu] [ˈmũint‿ɔbriˈgadɐ]	[də ˈnadɐ]	[kõ prɐˈzer]
Danke.	Vielen Dank.	Gern geschehen.	Mit Vergnügen.

Meu nome é… [ˈmew ˈnomə ɛ]	Ich heiße…
Qual é o seu nome? [ˈkwał‿ɛ u ˈsew ˈnomə]	Wie heißen Sie?
Prazer em conhecê-lo. [prɐˈzer ɐ̃i kuɲəˈse lu]	Sehr erfreut.
Sou da Alemanha. [ˈsow dɐ ɐləˈmɐɲɐ̃]	Ich komme aus Deutschland.
Não falo Português. [ˈnɐ̃w̃ ˈfalu purtuˈgeʃ]	Ich kann kein Portugiesisch sprechen.
Falo um pouco de Português. [ˈfalu ũ ˈpowku də purtuˈgeʃ]	Ich spreche ein bisschen Portugiesisch.
Como se diz isso em Português? [ˈkomu sə diz ˈisu ɐ̃i purtuˈgeʃ]	Wie heißt das auf Portugiesisch?
Podia repetir, por favor? [puˈdiɐ ʀəpəˈtir pur fɐˈvor]	Könnten Sie/ Könntest du das bitte wiederholen?
Podia falar um pouco mais devagar por favor? [puˈdiɐ fɐˈlar ũ ˈpowku ˈmaiʃ dəvɐˈgar pur fɐˈvor]	Könnten Sie / Könntest du bitte etwas langsamer sprechen?

O que isso significa? [u kə 'isu signifi'ka]	Was bedeutet das?
O que é isso? [u kə ɛ 'isu]	Was ist das?
Perdão? [pər'dɐ̃w]	Wie bitte?
Desculpe/ Desculpa. [dəʃkulpə dəʃkulpɐ]	Entschuldigung.
Sem problemas. [sɐ̃i pru'blemɐʃ]	Kein Problem.
Onde estou? ['õdə iʃ'tow]	Wo bin ich?
Como se vai para ...? ['komu sə vai 'pɐrɐ]	Wie komme ich nach ...?
Senhor [sə'ɲor]	Herr

Senhora [sə'ɲorɐ]	Frau (verheiratete Frau)
Menina [mə'ninɐ]	Frau (unverheiratete Frau)
Onde é...? ['õd‿ɛ]	Wo ist...?
Eu gostaria... ['ew guʃ'tariɐ]	Ich hätte gern...
Quanto custa isso? [kwɐ̃tu 'kuʃtɐ 'isu]	Wie viel kostet das?
Eu gosto disso. ['ew 'goʃtu 'disu]	Ich mag das.
Eu não gosto disso. ['ew 'nɐ̃w 'goʃtu 'disu]	Ich mag das nicht.
Mais ou menos. ['maiz‿ow 'menuʃ]	So lala. / Mehr oder weniger.

maravilhoso! [mɐrɐviˈʎozu]	Wunderbar!
ótimo! [ˈɔtimu]	Hervorragend!
bom [ˈbõ]	gut
muito bom [ˈmũj̃tu ˈbõ]	sehr gut
mal [ˈmał]	schlecht
muito mal [ˈmũintu ˈmał]	sehr schlecht
muito [ˈmũintu]	viel
pouco [ˈpowku]	wenig
um pouco de [ũ ˈpowku də]	ein bisschen
Um momento por favor. [ũ muˈmẽtu pur fɐˈvor]	Einen Moment, bitte.
Até breve! [ɐˈtɛ ˈbrɛvə]	Bis bald!

Até logo! [ɐˈtɛ ˈlɔgu]	Bis später!
Até amanhã! [ɐˈtɛ amɐˈɲɐ̃]	Bis morgen!
Adeus! [ɐˈdewʃ]	Auf Wiedersehen!
Tchau! [ˈtʃaw]	Tschüss!
Quem? [ˈkɐ̃j]	Wer?
O que? [u kə]	Was?
Onde? [ˈõdə]	Wo?
Quando? [ˈkwɐ̃du]	Wann?
Por quê? [pur ˈke]	Warum?
Como? [ˈkomu]	Wie?
Quantos? / Quantas? [ˈkwɐ̃tuʃ / ˈkwɐ̃tɐʃ]	Wie viel(e)?

o aeroporto
[u ɐɛɾɔ'portu]
der Flughafen

Onde está o controle de passaporte?
['õdə iʃ'ta u kõ'trolə də pasɐ'pɔrtə]
Wo ist die Passkontrolle?

O AVIÃO

[u ɐ'vjɐ̃w]

Desculpe, como se vai para centro da cidade?
[dəʃ'kułpə 'komu sə vai pɐrɐ 'sẽtru dɐ si'dadə]
Entschuldigung, wie komme ich zum Stadtzentrum?

Onde é a estação do comboio?
['õd‿ɛ ɐ iʃtɐ'sɐ̃w də kõ'bɔju]
Wo ist der Bahnhof?

Desculpe, onde é a saída?

[dəʃˈkułpə ˈõd‿ɛ ɐ sɐˈidɐ]

Entschuldigung, wo ist der Ausgang?

das Flugzeug

Onde é a paragem do autocarro?

[ˈõd‿ɛ ɐ pɐˈraʒɐ̃j du awtɔˈkaʀu]

Wo ist die Bushaltestelle?

Onde é a praça de táxis?

[ˈõd‿ɛ ɐ ˈprasɐ də ˈtaksiʃ]

Wo ist der Taxistand?

Onde está a informação turística?
[ˈõdə iʃˈta ɐ ĩfurmɐˈsɐ̃w tuˈriʃtikɐ]
Wo ist die Touristeninformation?

É longe, o centro da cidade?
[e ˈlõʒə u ˈsẽtru dɐ siˈdadə]
Wie weit ist es bis zum Stadtzentrum?

Podia recomendar-me um hotel barato?
[puˈdiɐ ʀəkumẽˈdarmə ũ ɔˈtɛɫ bɐˈratu]
Können Sie mir ein preiswertes Hotel empfehlen?

Leve-me para este endereço, por favor.
[ˈlɛvə mə ˈpɐrɐ ˈeʃtə ẽdəˈresu pur fɐˈvor]
Fahren Sie mich bitte zu dieser Adresse.

o autocarro
[u awtɔˈkaʀu]
der Bus

Quanto custa o passeio?

[ˈkwɐ̃tu ˈkuʃtɐ u pɐˈsɐju]

Was kostet die Fahrt?

Posso pagar com cartão de crédito?

[ˈposu pɐˈgar kõ kɐrˈtɐ̃w̃ də ˈkrɛditu]

Kann ich mit Kreditkarte bezahlen?

Podia avisar-me quando tenho que descer, por favor?

[puˈdiɐ ɐviˈzarmə ˈkwɐ̃du ˈtɐɲũ kə deʃˈser pur fɐˈvor]

Würden Sie mir bitte sagen, wann ich aussteigen muss?

Muito obrigado pela sua ajuda.

[ˈmũint‿ɔbriˈgadu ˈpɛlɐ ˈsuɐ ɐˈʒudɐ]

Vielen Dank für Ihre/ deine Hilfe.

o táxi

[u ˈtaksi]

das Taxi

o comboio

[u kõˈbɔju]

der Zug

o metrô

[u mɛˈtro]

die U-Bahn

o elétrico

[u iˈlɛtriku]

die Straßenbahn

Alfa Pendular
(o comboio de alta velocidade)

[u kõˈbɔju d‿ˈałtɐ vəlusiˈdadə]

der Hochgeschwindigkeitszug

o navio

[u nɐˈviu]

das Schiff

Die Unterkunft

A acomodação [ɐ ɐkumudɐˈsɐ̃w̃]

Tem um quarto livre?
[tɐĩ ũˈkwartu livrə]

Haben Sie ein Zimmer frei?

Posso ver o quarto, por favor?
[ˈposu ˈver u ˈkwartu pur fɐˈvor]

Könnte ich mir das Zimmer ansehen?

Quanto custa?
[ˈkwartu ˈkuʃtɐ]

Wie viel kostet das?

O pequeno-almoço está incluído?
[u pəˈken‿ałˈmosũ iʃˈta ĩklwˈidu]

Ist das Frühstück inbegriffen?

Tenho um quarto reservado no nome de...
[ˈteɲ‿ũ ˈkwartu ʀəzərˈvadu nu ˈnomə də]

Ich habe ein Zimmer auf den Namen... gebucht.

Aqui está meu passaporte.
[ɐˈki iʃˈta ˈmew pasɐˈpɔrtə]

Hier ist mein Reisepass.

Tem wifi?
[tɐ̃i waiˈfai]

Gibt es hier WLAN?

Tem o cofre?
[tɐ̃i ũ ˈkɔfrə]

Gibt es einen Safe?

Quando devo fazer o checkout?
[ˈkwɐ̃du dəˈvu fɐˈzer u ʃɛˈkawt]

Wann muss ich auschecken?

A recepção está aberta 24 horas?
[ɐ ʀəsɛpˈsɐ̃w̃ iʃˈt‿ɐˈbɛrtɐ ˈvĩti ˈkwatr‿ˈɔrɐʃ]

Ist die Rezeption Tag und Nacht geöffnet?

Gostaria de um quarto para ...

[guʃˈtariɐ də ũ ˈkwartu ˈpɐrɐ]

Ich hätte gern ein Zimmer für ...

uma pessoa.
[ˈumɐ pəˈsoɐ]
eine Person.

duas pessoas.
[ˈduɐʃ pəˈsoɐʃ]
zwei Personen.

uma família.

[ˈumɐ fɐˈmiljɐ]

eine Familie.

o teto
[u ˈtɛtu]
die Decke
a estante de livros
[ɐ iʃˈtẽtə də ˈlivruʃ]
das Bücherregal
a janela
[ɐ ʒɐˈnɛlɐ]
das Fenster
a lâmpada
[ɐ ˈlẽpɐdɐ]
die Lampe
o interruptor
[u ĩtəʀupˈtor]
der Lichtschalter
o despertador
[u dəʃpərtɐˈdor]
der Wecker
o travesseiro
[u trɐvəˈseiru]
das Kopfkissen
a cadeira
[ɐ kɐˈdeirɐ]
der Stuhl
a secretària
[ɐ səkrətɐˈriɐ]
der Schreibtisch
a ficha
[ɐ ˈfiʃɐ]
der Stecker
a tomada
[ɐ tuˈmadɐ]
die Steckdose

Im Schlafzimmer

No quarto [nu 'kwartu]

Im Badezimmer

No banheiro [nu bɐˈɲeiru]

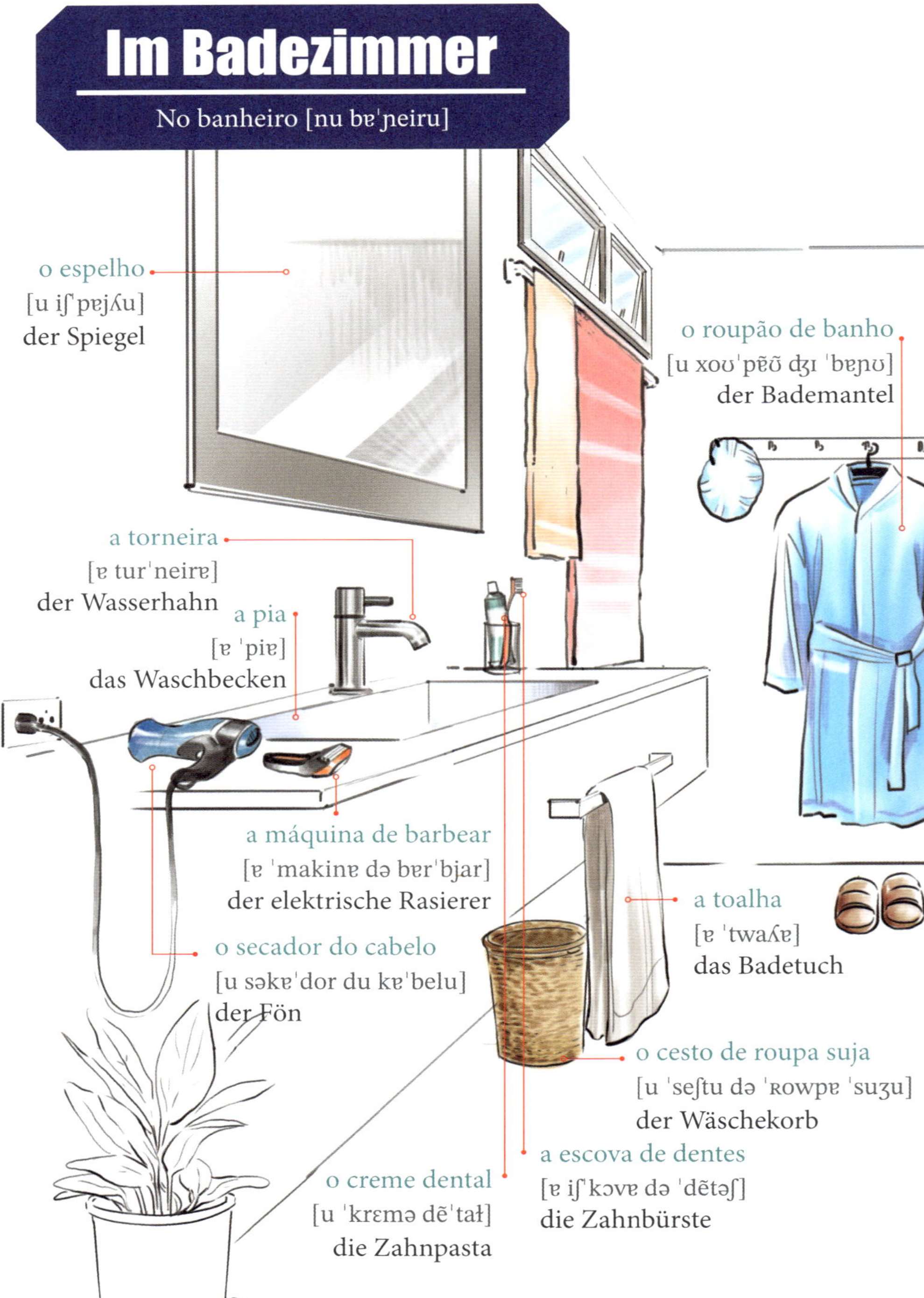

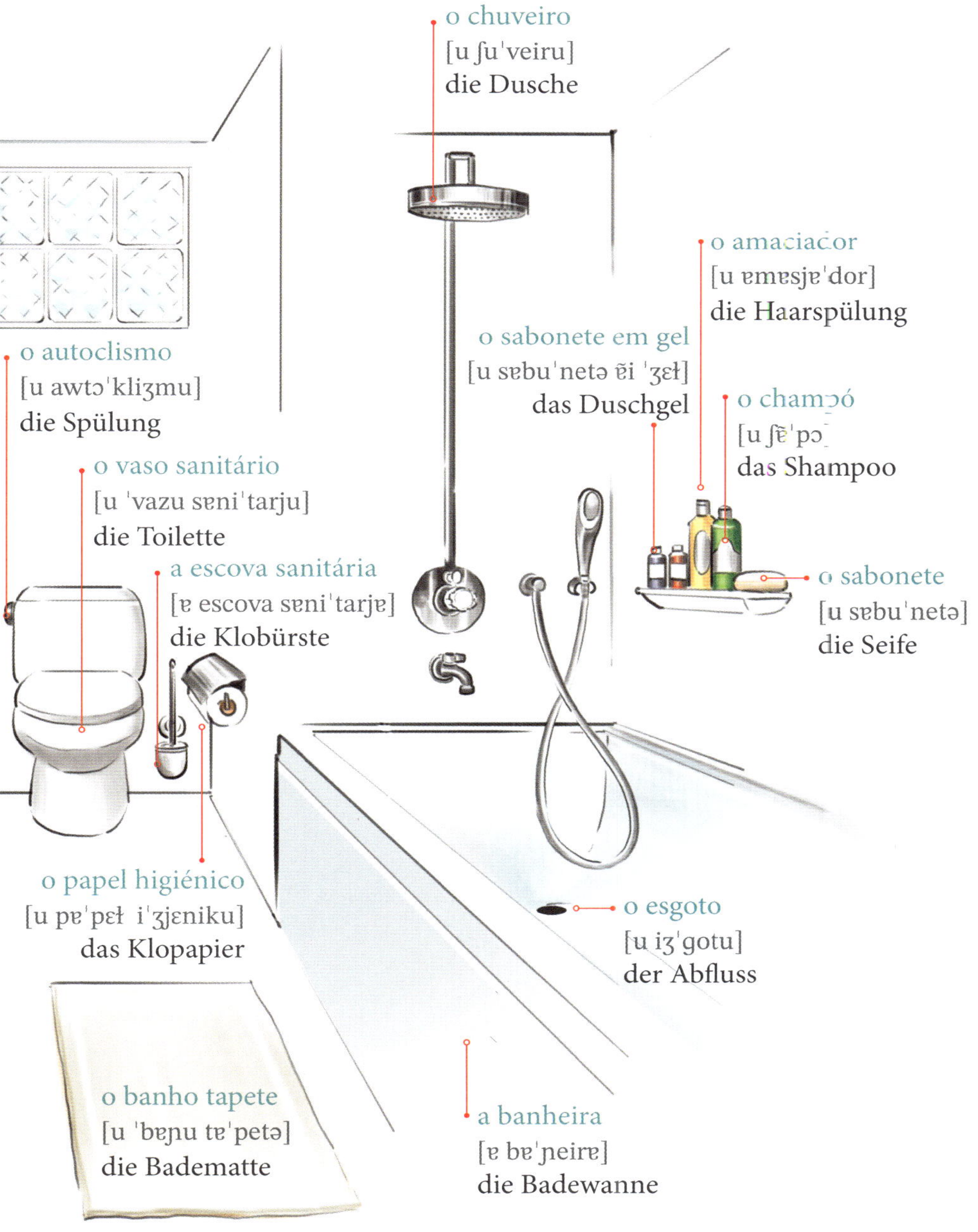
o chuveiro
[u ʃuˈveiru]
die Dusche
o amaciador
[u ɐmɐsjɐˈdor]
die Haarspülung
o sabonete em gel
[u sɐbuˈnetə ɐ̃i ˈʒɛɫ]
das Duschgel
o champó
[u ʃɐ̃ˈpɔ]
das Shampoo
o autoclismo
[u awtɔˈkliʒmu]
die Spülung
o vaso sanitário
[u ˈvazu sɐniˈtarju]
die Toilette
a escova sanitária
[ɐ escova sɐniˈtarjɐ]
die Klobürste
o sabonete
[u sɐbuˈnetə]
die Seife
o papel higiénico
[u pɐˈpɛɫ iˈʒjɛniku]
das Klopapier
o esgoto
[u iʒˈgotu]
der Abfluss
o banho tapete
[u ˈbɐɲu tɐˈpetə]
die Badematte
a banheira
[ɐ bɐˈɲeirɐ]
die Badewanne

Im Wohnzimmer

Na sala de estar [nu ˈsalɐ də iʃˈtar]

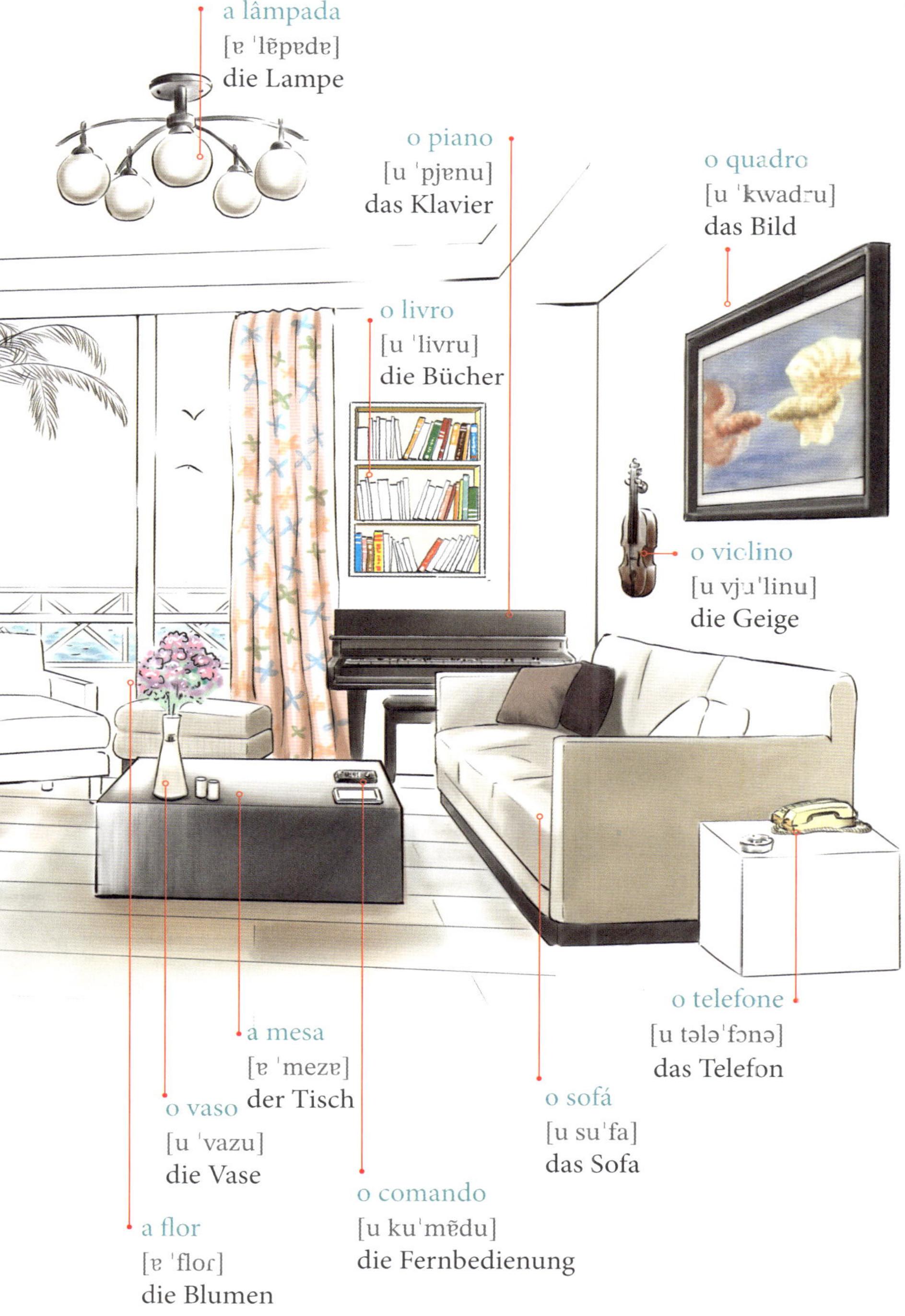
a lâmpada
[ɐ ˈlẽpɐdɐ]
die Lampe
o piano
[u ˈpjɐnu]
das Klavier
o quadro
[u ˈkwadɾu]
das Bild
o livro
[u ˈlivru]
die Bücher
o violino
[u vjuˈlinu]
die Geige
o telefone
[u tələˈfɔnə]
das Telefon
a mesa
[ɐ ˈmezɐ]
der Tisch
o vaso
[u ˈvazu]
die Vase
o sofá
[u suˈfa]
das Sofa
o comando
[u kuˈmẽdu]
die Fernbedienung
a flor
[ɐ ˈfloɾ]
die Blumen

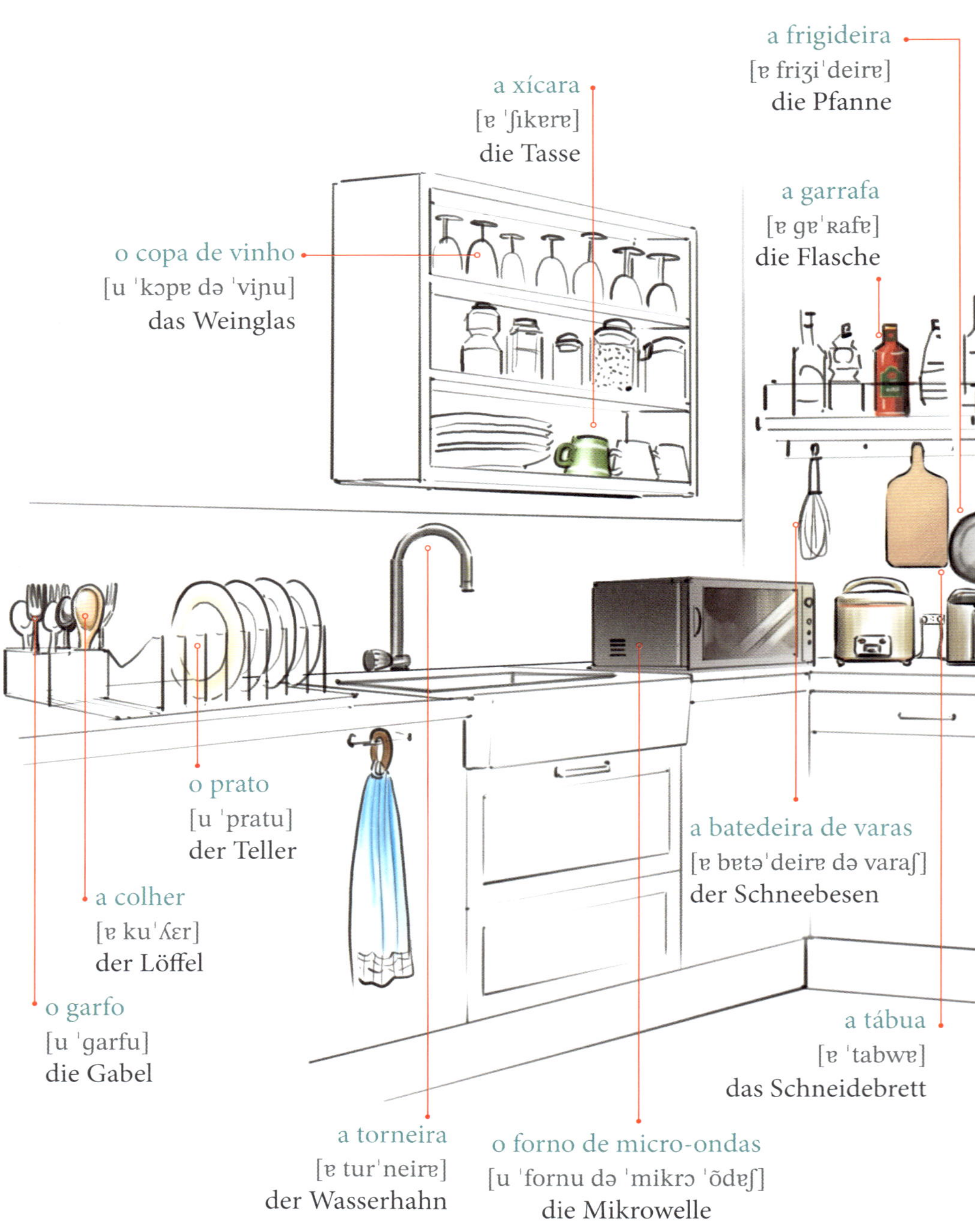
a frigideira
[ɐ friʒiˈdeirɐ]
die Pfanne
a xícara
[ɐ ˈʃikɐrɐ]
die Tasse
o copa de vinho
[u ˈkɔpɐ də ˈviɲu]
das Weinglas
a garrafa
[ɐ gɐˈʁafɐ]
die Flasche
o prato
[u ˈpratu]
der Teller
a batedeira de varas
[ɐ bɐtəˈdeirɐ də varaʃ]
der Schneebesen
a colher
[ɐ kuˈʎɛr]
der Löffel
o garfo
[u ˈgarfu]
die Gabel
a tábua
[ɐ ˈtabwɐ]
das Schneidebrett
a torneira
[ɐ turˈneirɐ]
der Wasserhahn
o forno de micro-ondas
[u ˈfornu də ˈmikrɔ ˈõdɐʃ]
die Mikrowelle

In der Küche

Na cozinha [ww ko'ziɲa]

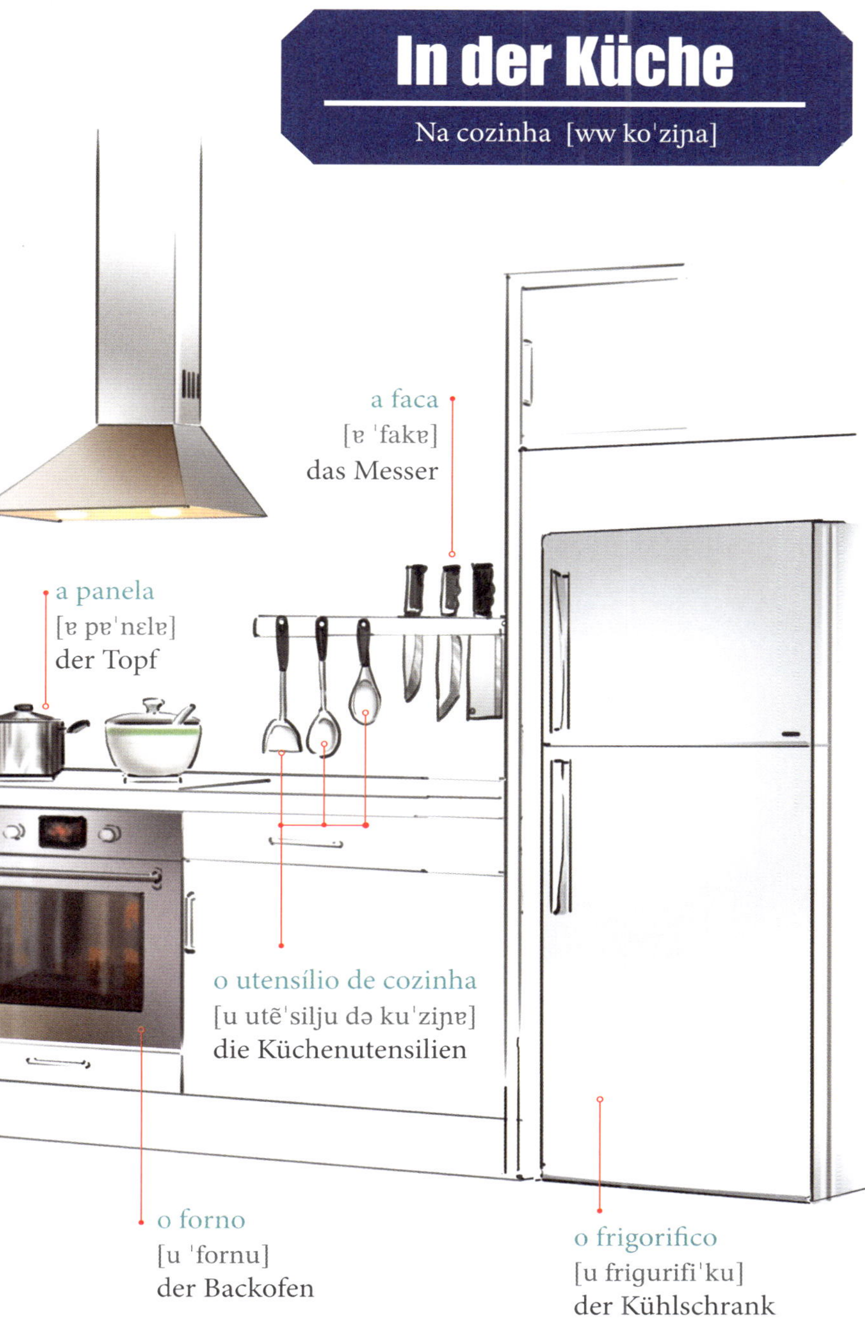

Ausflüge (in der Stadt und außerhalb)

Excursões (na cidade e no campo)
[ɐʃʃˈkursɐ̃õʃ nɐ siˈdadə ˈɛ nu ˈkɐ̃pu]

Há atracções turísticas nessa área?
[ˈa ɐtraˈsɐ̃w̃ tuˈriʃtikɐʃ nesɐ ˈarjɐ]

Gibt es irgendwelche Sehenswürdigkeiten in dieser Gegend?

Onde posso provar a comida local?

[ˈõdə ˈposu pruˈvar ɐ kuˈmidɐ luˈkał]

Wo kann ich regionale Spezialitäten probieren?

Ausflüge mit dem Zug

Excursões de comboio [ɐjʃ'kursɐ̃õʃ də kõ'bɔjũ]

Onde é a estação de comboio? ['õd‿ɛ ɐ iʃtɐ'sɐ̃w̃ də kõ'bɔju]	Wo ist der Bahnhof?
Onde é a máquina de bilhetes? ['õd‿ɛ ɐ 'makinɐ də bi'ʎetəʃ]	Wo ist der Fahrkartenautomat?
Onde é a bilheteira? ['õd‿ɛ ɐ biʎə'teirɐ]	Wo ist der Fahrkartenschalter?
Quanto custa o bilhete? ['kwɐ̃tu 'kuʃtɐ u bi'ʎetə]	Wie viel kostet die Fahrkarte?
Um bilhete de primeira classe, por favor [ũ bi'ʎetə dɘ̃ pri'meirɐ 'klasə pur fɐ'vor]	Bitte eine Fahrkarte erster Klasse.
Um bilhete de segunda classe, por favor. [ũ bi'ʎetə də sə'gũdɐ 'klasə pur fɐ'vor]	Bitte eine Fahrkarte zweiter Klasse.
Um bilhete de ida, por favor. [ũ bi'ʎetə d‿'idɐ pur fɐ'vor]	Bitte eine einfache Fahrkarte.

Um bilhete de ida e volta, por favor. [ũ biˈʎetə d‿ˈidɐ i ˈvɔɫtɐ pur fɐˈvor]	Bitte eine Rückfahrkarte.
Gostaria de reservar um lugar por favor. [guʃˈtariɐ də ʀəzərˈvar ũ luˈgar pur fɐˈvor]	Ich möchte bitte einen Sitzplatz reservieren.
A que horas sai o comboio? [ɐ kə ˈɔrɐ sɐˈi u]	Wann fährt der Zug ab?
Quantas vezes tenho que mudar de comboio? [ˈkwɐ̃tu ˈvezəʃ ˈteɲũ kə muˈdar də kõˈbɔju]	Wie oft muss ich umsteigen?
Qual é a próxima estação? [ˈkwaɫ ɛ ɐ ˈprɔsimu iʃtɐˈsɐ̃w̃]	Wie heißt die nächste Haltestelle?
Por favor, diga-me quando tenho que sair. [pur fɐˈvor mə digɐ mə ˈkwɐ̃du ˈteɲũ kə sɐˈir]	Würden Sie mir bitte sagen, wann ich aussteigen muss?

Am Bahnhof

Na estação de comboio
[nɐ iʃtɐˈsɐ̃w də kõˈbɔjũ]

a estação
[ɐ iʃtɐˈsɐ̃w]
der Bahnhof

a estação central
[ɐ iʃtɐˈsɐ̃w sẽˈtrał]
der Hauptbahnhof

a bilheteira
[ɐ biʎəˈteirɐ]
der Fahrkartenschalter

o bilhete
[u biˈʎetə]
die Fahrkarte

o horário
[u oˈrarju]
der Fahrplan

a chegada
[ɐ ʃəˈgadɐ]
die Ankunft

a partida
[ɐ pɐrˈtidɐ]
die Abfahrt

o comboio
[u kõˈbɔjũ]
der Zug

a plataforma
[ɐ plɐtɐˈfɔrmɐ]
der Bahnsteig

o carrinho de dormir
[u kɐˈʀiɲu də durˈmir]
der Schlafwagen

o comboio expresso
[u kõˈbɔju ɐjʃˈprɛsu]
der Schnellzug

o bilhete de primeira classe
[u bi'ʎetə də pri'meirɐ 'klasə]
eine Fahrkarte erster Klasse

o bilhete de segunda classe
[u bi'ʎetə də sə'gũdɐ 'klasə]
eine Fahrkarte zweiter Klasse

a reserva de lugar
[ɐ ʀə'zɛrvɐ də lu'gar]
eine Sitzplatzreservierung

ida
['idɐ]
einfach

ida e voltta
['idɐ i vɔɫtɐ]
hin und zurück

a sobretaxa
[ɐ sobrə'taʃɐ]
der Zuschlag

subir
[su'bir]
einsteigen

descer
[dəʃ'ser]
aussteigen

mudar de comboio
[mu'dar də kõ'bɔju]
umsteigen

A que horas o comboio / o autocarro o metro / o elétrico partem?

[ɐ kə ˈɔrɐʃ u kõˈbɔju / u awtɔˈkaʀu u ˈmɛtru / u ˈiˈlɛtriku pɐrtɐ̃i]

Um wie viel Uhr fährt der Zug /der Bus / die U-Bahn / die Straßenbahn ab?

Com licença, podia ajudar-me a comprar um bilhete da máquina, por favor?

[kõ liˈsẽsɐ puˈdiɐ ɐʒuˈdarmə ɐ kõ prar
ũ biˈʎetə dɐ ˈmakinɐ pur fɐˈvɔr]

Entschuldigen Sie bitte, könnten Sie mir helfen, ein Ticket an dem Automaten zu kaufen?

Quero ir ...

[kəˈrer ˈir]

(Ich möchte nach... fahren.)

Ausflüge mit dem Bus und mit der Straßenbahn

Excursões de autocarro e elétrico
[ɐjʃˈkursɐ̃õʃ de ˈawtɔˈkaʀu ə iˈlɛtriku]

o autocarro [u awtɔˈkaʀu]	der Autobus, der Bus
a estação do autocarro [ɐ iʃtɐˈsɐ̃w̃ du awtɔˈkaʀu]	die Bushaltestelle
o elétrico [u iˈlɛtriku]	die Straßenbahn

Onde fica a estação do elétrico?
[ˈõdə fiˈkar ɐ iʃtɐˈsɐ̃w̃ du iˈlɛtriku]
Wo ist die Straßenbahnhaltestelle?

a estação do elétrico [ɐ iʃtɐˈsɐ̃w̃ du iˈlɛtriku]	die Straßenbahnhaltestelle
o bilhete [u biˈʎetə]	die Fahrkarte
o revisor [u ʀəviˈzor]	der Kontrolleur
a multa [ɐ ˈmuɫtɐ]	die Geldstrafe

Onde é ...?

[ˈõd‿ɛ]

Wo ist ...?

Onde é a estação do autocarro?

[ˈõd‿ɛ ɐ iʃtɐˈsɐ̃w̃ du awtɔˈkaʀu]

Wo ist die Bushaltestelle?

o semáforo
[u sə'mafuru]
die Ampel

a mota
[ɐ 'mɔtɐ]
das Motorrad

a bicicleta
[ɐ bisi'klɛtɐ]
das Fahrrad

o carro
[u 'kaʀu]
das Auto

Auf eigene Faust unterwegs mit dem Auto, Motorrad, Fahrrad und zu Fuß

Viajar sozinho de carro, moto, bicicleta e a pé
[vɪaˈʒaɾ sɔˈziɲu də ˈkaʀu ˈmɔtʊ bisiˈklɛta e ɐ ˈpɛ]

a rua [ɐ ˈʀuɐ]	die Straße
o cruzamento [u kruzɐˈmẽtu]	die Kreuzung
vá em frente [ˈva ɐ̃i ˈfrẽtə]	geradeaus gehen/fahren
virar à direita [viˈrar ɐ diˈreitɐ]	rechts abbiegen
virar à esquerda [viˈrar ɐ iʃˈkerdɐ]	links abbiegen
Onde é uma estação de serviço? [ˈõd‿ɛ ˈumɐ iʃtɐˈsɐ̃w̃ də sərˈvisu]	Wo ist eine Tankstelle?
aqui [ɐˈki]	hier
ali [ɐˈli]	dort
perto [ˈpɛrtu]	nah
longe [ˈlõʒə]	weit
o seguro [u səˈguru]	die Versicherung
Que tipo de gasolina devo meter? [kə ˈtipu də gɐzuˈlinɐ dəˈvu məˈter]	Welches Benzin soll ich tanken?

Kunst und Freizeitaktivitäten

Arte e atividades de lazer [ˈartə i ativiˈdadəʃ də lɐˈzer]

o teatro
[u ˈtjatru]
das Theater

o teatro de ópera
[u ˈtjatru d‿ˈɔpərɐ]
das Opernhaus

o cinema
[u siˈnemɐ]
das Kino

a galeria de arte
[ɐ gɐləˈriɐ d‿ˈartə]
die Kunstgalerie

o museu
[u muˈzew]
das Museum

a piscina coberta
[ɐ piʃˈsinɐ kuˈbɛrtɐ]
das Hallenbad

a piscina descoberta
[ɐ piʃˈsinɐ dəʃkuˈbɛrtɐ]
das Freibad

a sauna
[ɐ ˈsawnɐ]
die Sauna

o parque da cidade
[u ˈparkə dɐ siˈdadə]
der Stadtpark

o ginásio
[u ʒiˈnazju]
das Fitnessstudio

Sehenswürdigkeiten

Atrações turísticas [atɾaˈsɐ̃õʃ tuˈriʃtikaʃ]

Pena nacional palácio (Lisboa)
[ˈpenɐ nɐsjuˈnał paˈlaθjo]

Castelo Sintra (Lisboa)
[kɐʃˈtɛlu sĩˈtrɐ]

Castelo de São Jorge (Lisboa)
[kɐʃˈtɛlu də ˈsɐ̃w ʒurˈʒə]

Fátima, Batalha,
Nazaré e Óbidos (Lisboa)
[fatimɐ baˈtaʎa nɐzɐˈrɛ i ɔbiˈduʃ]

Castelo de Silves (Algarve)
[kɐʃˈtɛlu də siɫˈvəʃ]

Mosteiro dos Jeronimos (Lisboa)
[muʃˈteiru ˈdoʃ ʒɛˈrɔnimuʃ]

Batalha (Leiria)
[bɐˈtaʎɐ]

Torre de Belém (Lisboa)
[ˈtoʀə də bəˈlẽi]

Sehenswürdigkeiten

Atrações turísticas [atɾaˈsɐ̃õʃ tuˈriʃtikaʃ]

Torre de Clérigos (Oporto)
[ˈtoʀə də ˈklɛriguʃ]

Torre de Clérigos (Oporto)
[ˈtoʀə də ˈklɛriguʃ]

Praia da Marinha
[ˈprajɐ dɐ mɐˈriɲɐ]

Benagil gruta (Marinha)
[bẽgɐˈli ˈgrutɐ]

Lagos (Algarve)
[ˈlɐɡoʃ]

Madeira
[mɐˈdeirɐ]

Peneda-Gerês (Minho)
[pəˈnedɐ ʒərəʃ]

Douro (Vila Real)
[ˈdowru]

Bäckerei

Padaria [padɐˈriɐ]

a broa de milho

[ɐ ˈbroɐ də ˈmiʎu]

das Maisbrot

o bolo de caco

[u ˈbolu də ˈkaku]

das Fladenbrot mit Süßkartoffel

o pão de mafra

[u ˈpɐ̃w də ˈmɐfrɐ]

das knusprige Weizenbrot

o pão de deus

[u ˈpɐ̃w də ˈdewʃ]

das Kokosbrötchen

a broa de avintes

[ɐ ˈbroɐ d‿ɐvĩtəʃ]

das dunkles Mischbrot

o pão integral

[u ˈpɐ̃w̃ ĩtə grał]

das Vollkornbrot

o folar da páscoa

[u fuˈlar dɐ pɐʃˈkwa]

das süße Hefeteigbrot

o pão alentejano

[u ˈpɐ̃w ɐlẽtəˈʒɐnu]

das Landbrot

o cordeiro
[u kurˈdeiru]
das Lammfleisch

In der Metzgerei

No talho [nu ˈtaʎu]

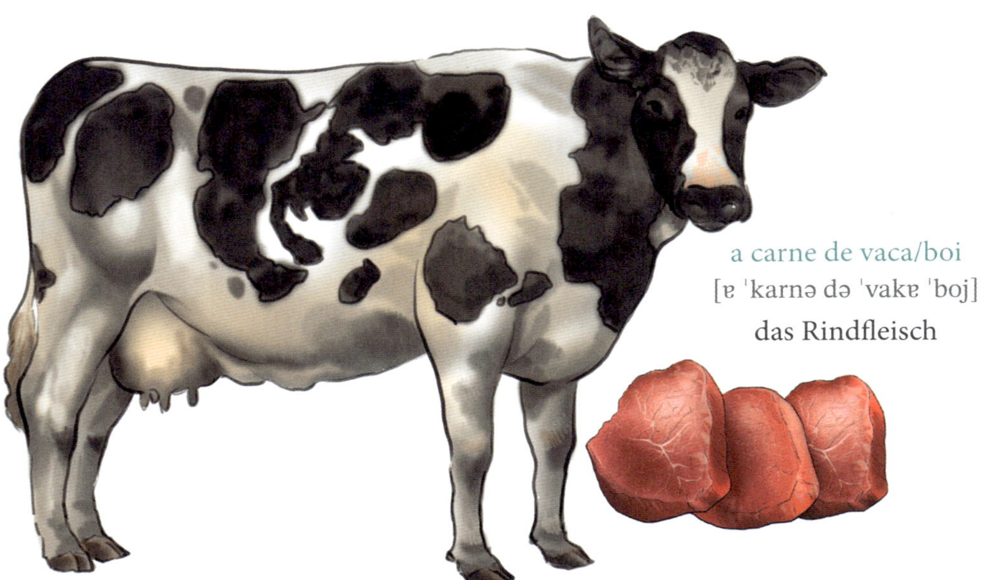

a carne de vaca/boi
[ɐ ˈkarnə də ˈvakɐ ˈboj]
das Rindfleisch

o pato
[u ˈpatu]
die Ente

o coelho
[u ˈkwɐjʎu]
das Kaninchen

a carne de porco
[ɐ ˈkarnə də ˈporku]
das Schweinefleisch

o frango
[u ˈfrɐ̃gu]
das Hühnerfleisch

Im Fischgeschäft

Na peixaria [nɐ peiʃɐˈriɐ]

o atum
[u ɐˈtũ]
der Thunfisch

a lula
[ɐ ˈlulɐ]
der Tintenfisch

a solha
[ɐ ˈsoʎɐ]
die Scholle

o salmão
[u sałˈmɐ̃w̃]
der Lachs

o mexilhão
[u məʃiˈʎɐ̃w̃]
die Miesmuschel

a ostra
[ɐ ˈoʃtrɐ]
die Auster

1
2
3
4
5
6
7
8
9

Im Gemüseladen

Na loja de vegetal [nɐ ˈlɔʒa də vəʒəˈtaɫ]

1. a berinjela [ɐ bərĩˈʒɛlɐ]
die Aubergine

2. o pepino [u pəˈpinu]
die Gurke

3. o brócolos [u ˈbrɔkuluʃ]
der Brokkoli

4. a alcachofra [ɐ aɫkɐˈʃofrɐ]
die Artischocke

5. o repolho chinês [u ʀəˈpoʎu ʃiˈneʃ]
der Chinakohl

6. a ervilha [ɐ erˈviʎɐ]
die Erbse

7. a couve-flor [ɐ ˈkoʊvɪ ˈflor]
der Blumenkohl

8. a cenoura [ɐ səˈnowrɐ]
die Möhre

9. o manjericão [u mẽʒəriˈkɐ̃w̃]
das Basilikum

1. o gengibre [u ʒẽˈʒibrə]
der Ingwer

2. a alface [ɐ ałˈfasə]
der Kopfsalat

3. a abóbora [ɐ ɐˈbɔburɐ]
der Kürbis

4. a amêndoa [ɐ ɐˈmẽdwɐ]
die Mandel

5. o amendoim [u ɐmẽˈdwĩ]
die Erdnuss

6. a avelã [ɐ ɐvəˈlɐ̃]
die Haselnuss

7. o alho [u ˈaʎu]
der Knoblauch

8. o cogumelo [u kuguˈmɛlu]
der Pilz

9. a batata [ɐ bɐˈtatɐ]
die Kartoffel

10. o milho [u ˈmiʎu]
der Mais

11. a noz [ɐ ˈnɔʃ]
die Walnuss

1
2
3
4
5
6
7
8
9
10
11

1
2
3
4
5
6
7
8
9
10

1. a beterraba [ɐ bətəˈʁabɐ]
die rote Beete

2. o pimento [u piˈmẽtũ]
die Paprika

3. a cebola [ɐ səˈbolɐ]
die Zwiebel

4. o repolho branco [u ʁəˈpoʎu ˈbrɐ̃ku]
der Weißkohl

5. o repolho vermelho [u ʁəˈpoʎu vərˈmɐjʎu]
der Rotkohl

6. os espargos [uʃ iʃˈpargu]
der Spargel

7. o tomate [u tuˈmatə]
die Tomate

8. a abobrinha [ɐ ɐbɔˈbriɲɐ]
die Zucchini

9.o aipo [u ˈajpu]
der Sellerie

10. o espinafre [u iʃpiˈnafrə]
der Spinat

a maçã
[ɐ mɐˈsɐ̃]
der Apfel

a maçã verde
[ɐ mɐˈsɐ̃ ˈverdə]
der grüne Apfel

a pêra
[ɐ ˈpərɐ]
die Birne

a cereja
[ɐ səˈreiʒɐ]
die Kirsche

a ameixa
[ɐ ɐmˈeiʃɐ]
die Pflaume

a azeitona
[ɐ ɐzɐjˈtonɐ]
die Olive

o coco
[u ˈkoku]
die Kokosnuss

o morango
[u muˈrɐ̃gu]
die Erdbeere

o abacaxi
[u ɐbɐkɐˈʃi]
die Ananas

a romã
[ɐ ʀuˈmɐ̃]
der Granatapfel

a amora-silvestre
[ɐ ɐˈmɔrɐ siɫˈvɛʃtrə]
die Brombeere

a framboesa
[ɐ frɐ̃ˈbwezɐ]
die Himbeere

Im Obstladen

Na loja de frutas [nɐ ˈlɔʒɐ də ˈfrutɐʃ]

o mirtilo
[u mirˈtilu]
die Blaubeere

a groselha negra
[ɐ grɔˈzeʎɐ ˈnegrɐ]
die schwarze Johannisbeere

a groselha
[ɛ grɔˈzeʎɐ]
die rote Johannisbeere

a lima
[ɐ liˈmɐ̃õ]
die Limette

o limão
[u liˈmɐ̃ʊ]
die Zitrone

o abacate
[u ɐbɐˈkatə]
die Avocado

o pêssego
[u ˈpesəgu]
der Pfirsich

a papaia
[ɐ pɐˈpajɐ]
die Papaya

a banana
[ɐ bɐˈnɐnɐ]
die Banane

a manga
[ɐ ˈmɐ̃gɐ]
die Mango

a laranja
[ɐ lɐˈrɐ̃ʒɐ]
die Orange

a tangerina
[ɐ tɐ̃ʒəˈrinɐ]
die Mandarine

a melancia
[ɐ məlɐ̃ˈsiɐ]
die Wassermelone

a uva
[ɐ ˈuvɐ]
die Weintraube

o melão
[u məˈlɐ̃w̃]
die Melone

o kiwi
[u kiˈvi]
die Kiwi

Getränke

Bebidas [bəˈbidɐʃ]

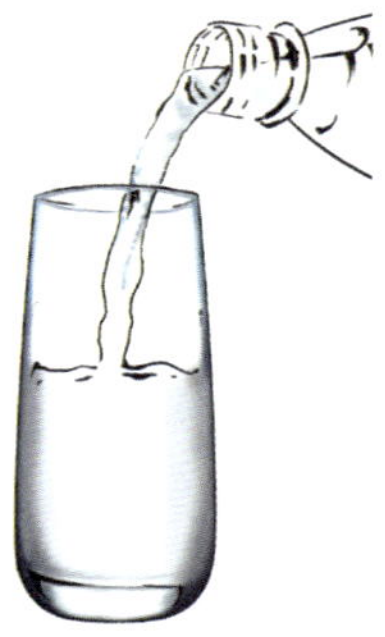

a água sem gás
[ɐ ˈagwɐ sɐ̃i ˈgaʃ]
das stille Wasser

a água mineral
[ɐ ˈagwɐ minəˈrał]
das Mineralwasser

a água com gás
[ɐ ˈagwɐ kõ ˈgaʃ]
das (Mineral)wasser mit Kohlensäure

a limonada
[ɐ limuˈnadɐ]
die Limonade

a bebida com gás
[ɐ bəˈbidɐ kõ ˈgaʃ]
die Erfrischungsgetränke

a sangria
[ɐ sɐ̃ˈgriɐ]
der Sangria

o sumo de cenoura
[u ˈsumu də səˈnowrɐ]
der Karottensaft

o sumo de ananás
[u ˈsumu d‿ɐnɐˈnaʃ]
der Ananassaft

o sumo de maçã
[u ˈsumu də mɐˈsɐ̃]
der Apfelsaft

o sumo de tomate
[u ˈsumu də tuˈmatə]
der Tomatensaft

o sumo de laranja
[u ˈsumu də lɐˈrɐ̃ʒɐ]
der Orangensaft

o sumo de uva
[u ˈsumu d‿ˈuvɐ]
der Traubensaft

In der Bar

No bar [no ˈbar]

a cerveja
[ɐ sərˈvɐjʒɐ]
das Bier

o moscatel
[u muʃkɐˈtɛɫ]
der Muskateller

a ginjinha
[ɐ ʒĩˈʒiɲɐ]
der Sauerkirschlikör

a aguardente
[ɐ agwarˈdẽtə]
der Schnaps

o licor
[u liˈkor]
der Likör

o vinho tinto
[u ˈviɲu ˈtĩtu]
der Rotwein

o vinho branco
[u ˈviɲu ˈbrɐ̃ku]
der Weißwein

o vinho rosé
[u ˈviɲu ʀɔˈzɛ]
der Rosé

A verdade está no vinho.
[ɐ vərˈdadə iʃˈta nu ˈviɲu] Im Wein liegt die Wahrheit.

O vinho é poesia em uma garrafa.
[u ˈviɲu ɛ pwɛˈziɐ ɐ̃i ˈumɐ gɐˈʀafɐ] Wein ist Poesie in Flaschen.

O vinho branco também pode deixar seu nariz vermelho.
[u ˈviɲu ˈbrɐ̃ku tɐ̃ˈbɐ̃i ˈpɔdə dɐjˈʃar ˈsew nɐˈriʃ vərˈmɐjʎu]
Auch weißer Wein macht eine rote Nase.

A Vida
é demasiado curta
para beber
vinho
ruim.

[ɐ ˈvidɐ ɛ dəmɐˈzjadu ˈkurtu ˈpɐrɐ bəˈber ˈviɲu ʀuˈĩ]

Das Leben ist viel zu kurz, um schlechten Wein zu trinken.

Johann Wolfgang von Goethe

um café

[ũ kɐˈfɛ]

um pingo

[ũ ˈpĩgu]

um café duplo

[ũ kɐˈfɛ ˈduplu]

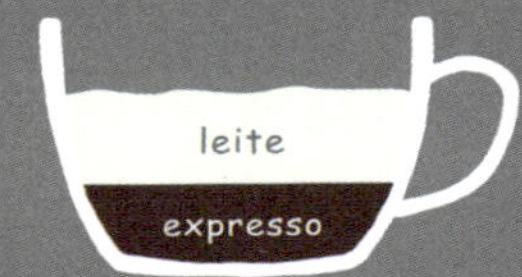

uma meia de leite

[ˈumɐ ˈmɐjɐ də ˈleitə]

Im Café

Na cafeteria [nɐ kafeteˈɾia]

café

Kaffee mit sehr kräftigem Geschmack

pingo

Espresso mit etwas Milchschaum

café duplo

doppelter Espresso

meia de leite

halb Espresso, halb Milch

um abatanado

[ũ ɐbɐtɐ'nadu]

um café com cheirinho

[ũ kɐ'fɛ kõ ʃɐj'riɲu]

um café com gelo

[ũ kɐ'fɛ kõ 'ʒelu]

um leite quente

[ũ 'leitə 'kẽtə]

um chocolate quente

[ũ ʃuku'latə 'kẽtə]

abatanado
Espresso mit viel heißem Wasser
café com cheirinho
Espresso mit Schnaps
café com gelo
Espresso mit Eis
leite quente
heiße Milch
chocolate quente
heiße Schokolade

Tee

chá ['ʃa]

1. o chá preto

[u 'ʃa 'pretu]

der schwarze Tee

2. o chá verde

[u 'ʃa 'verdə]

der grüne Tee

3. o chá camomila

[u 'ʃa kɐmu'milɐ]

der Kamillentee

4. o chá tilia

[u 'ʃa 'tiljɐ]

der Lindenblütentee

5. o chá de frutos vermelhos

[u 'ʃa də 'frutuʃ vər'meʎuʃ]

der rote Früchtetee

6. o chá preto com leite

[u 'ʃa 'pretu kõ 'leitə]

der schwarze Tee mit Milch

Disculpe, queria pedir a comida, por favor.

[dəʃˈkułpə kəriɐ pəˈdir ɐ kuˈmidɐ pur fɐˈvor]

Entschuldigung!
Ich würde gerne bestellen.

Qual é a especialidade desta região ?

[ˈkwał ɛ ɐ iʃpəsjɐliˈdadə ˈdəʃtɐ ʀəˈʒjɐ̃w̃]

Welche Spezialitäten gibt es aus dieser Region?

Im Restaurant

No restaurante [nu ʀəʃtawˈrɐ̃tə]

o restaurante [u ʀəʃtawˈrɐ̃tə] das Restaurant

a lista [ɐ ˈliʃtɐ] die Speisekarte

a entrada [ɐ ẽˈtradɐ] die Vorspeise

o prato principal [u ˈpratu prĩsiˈpał] das Hauptgericht

a sobremesa [ɐ sobrəˈmezɐ] der Nachtisch

Tem uma mesa para duas pessoas?
[tɐ̃i ˈumɐ ˈmezɐ ˈpɐrɐ ˈduɐʃ pəˈsoɐʃ]

Haben Sie einen Tisch für zwei Personen?

Qual e' o menu do dia?
[ˈkwał ɛ u məˈnu du ˈdiɐ]

Gibt es ein Tagesmenü?

O que recomendaria?
[u kə ʀəkumẽˈdariɐ]

Was können Sie mir empfehlen?

Eu gostaria …
[ˈew guʃˈtariɐ]

Ich hätte gerne ...

1. o garfo pequeno [u'garfu pə'kenu]
   die Vorspeisengabel
2. o garfo de jantar [u 'garfu də ʒẽ'tar]
   die Gabel
3. a faca de jantar [ɐ 'fakɐ də ʒẽ'tar]
   das Messer
4. a faca pequena [ɐ 'fakɐ pə'kenɐ]
   das Vorspeisenmesser
5. a colher de sopa [ɐ ku'ʎɛr də 'sopɐ]
   der Suppenlöffel
6. a faca de manteiga [ɐ 'fakɐ də mẽ'teigɐ]
   das Buttermesser
7. o garfo de sobremesa [u 'garfu də sobrə'mezɐ]
   die Kuchengabel
8. a colher de sobremesa [ɐ ku'ʎɛr də sobrə'mezɐ]
   der Kaffeelöffel
9. o prato de pão [u 'pratu də 'pɐ̃w̃]
   der Brotteller
10. o prato principal [u 'pratu prĩsi'pał]
    der Teller
11. o copo de água [u 'kɔpu də 'agwɐ]
    das Wasserglas
12. o copo de vinho tinto [u 'kɔpu də 'viɲu 'tĩtu]
    das Rotweinglas
13. o copo de vinho branco [u 'kɔpu də 'viɲu 'brẽku]
    das Weißweinglas

Der gedeckte Tisch

Configuração formal de mesa

[kõfiguɾɐˈsɐ̃w̃ furˈmaɫ ɗə ˈmezɐ]

a pimenta
[ɐ piˈmẽtɐ]
der Pfeffer

o sal
[u ˈsaɫ]
das Salz

Die Gewürze

Temperos [tẽˈperuʃ]

o piri-piri em pó
[u piripiˈri ɐ̃i ˈpɔ]
das Chilipulver

o pesto
[u ˈpɛʃtɔ]
das Pesto

o pó de curry
[u ˈpɔ də ˈkɐri]
das Currypulver

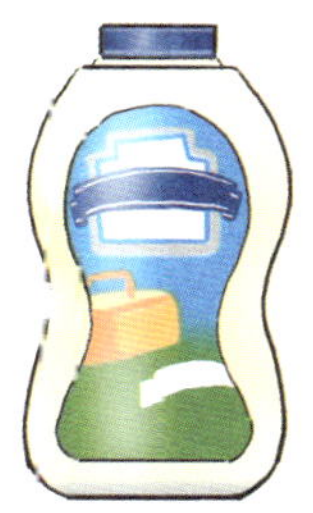

a mostarda
[ɐ muʃˈtardɐ]
der Senf

o ketchup
[u kɛˈtʃɐp]
der Tomatenketchup

a maionese
[ɐ majɔˈnɛzə]
die Mayonnaise

o açúcar
[u ɐˈsukɐr]
der Zucker

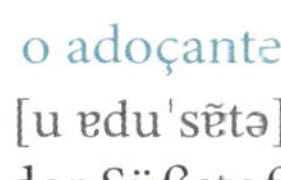

o adoçante
[u ɐduˈsɐ̃tə]
der Süßstoff

o colorau
[ɐ kuluˈraw]
das Paprikapulver

o parmesão
[u pɐrməˈzɐ̃w̃]
der Parmesankäse

o molho de soja
[u ˈmoʎu dəˈsɔʒɐ]
die Sojasoße

a refeição	[ɐ ʀəfeiˈsɐ̃w̃]	die Mahlzeit
o pequeno-almoço	[u pəˈken‿ałˈmosu]	das Frühstück
o almoço	[u ałˈmosu]	das Mittagessen
o jantar	[u ʒɐ̃ˈtar]	das Abendessen

Bom apetite

[ˈbõ ɐpəˈtitə]

Guten Appetit!

Traga-me a conta, por favor?

[trɐˈgɐ̃ mə ɐ ˈkõtɐ pur fɐˈvor]

Die Rechnung, bitte.

A comida estava muito boa! Das Essen war sehr gut!
[ɐ kuˈmidɐ iʃˈtavɐ ˈmũintu ˈboɐ]

Delicioso! Köstlich!
[dəliˈsjozu]

Fica assim. Stimmt so.
[ˈfik‿asĩ]

a gorjeta das Trinkgeld
[ɐ gurˈʒetɐ]

o doce de morango
[u ˈdosə də muˈrẽgu]
die Erdbeermarmelade

o mel
[u ˈmɛɫ]
der Honig

a manteiga
[ɐ mẽˈteigɐ]
die Butter

a geleia de laranja
[ɐ ʒəˈlɐjɐ də lɐˈrẽʒɐ]
die Orangenmarmelade

a sanduíche
[ɐ sẽˈdwiʃə]
das Sandwich

o sumo de laranja
[u ˈsumu də lɐˈrẽʒɐ]
der Orangensaft

Das Frühstück

O pequeno - almoço [u pəˈkenu ałˈmosu]

os cereais
[uʃ səˈrjaiʃ]
das Müsli

o ovo estrelado
[u ˈovu iʃtrəˈladu]
das Spiegelei

a torrada com manteiga
[ɐ tuˈʁadɐ kõ mɐ̃ˈtɐjgɐ]
das Toast mit Butter

o ovo cozida
[u ˈovu kuˈzidu]
das gekochte Ei

o iogurte
[u jɔˈgurtə]
der Joghurt

Das Hauptgericht

O prato principal [u ˈpratu prĩsiˈpał]

acorda
[ɐˈkurdɐ]
Portugiesische Brotsuppe

feijoada
[fɐjˈʒwadɐ]
Eintopf aus Bohnen, Schweine- und Rindfleisch

sopa de pedra
[ˈsopɐ də ˈpɛdrɐ]
Suppe mit Bauchspeck vom Schwein und Gemüse

arroz-de-tamboril
[ɐˈʀoʃ də tɐ̃buˈriɫ]
Reis mit verschiedenen Meeresfrüchten

bacalhau a bras
[bɐkɐˈʎaw ɐ ˈbraʃ]
Klippfisch mit Kartoffeln und Ei

cozido à Portuguesa
[kuˈzidu ɐ purtuˈgezɐ]
Portugiesischer Eintopf mit verschiedenem Fleisch und Gemüse

sardinhas grelhadas
[sɐrˈdiɲɐʃ grəˈʎadɐʃ]
Gegrillte Sardinen

arroz de pato
[ɐˈʀoʃ də ˈpatu]
Reis mit Ente

espada-com-banana
[iʃˈpadɐ kõ bɐˈnɐnɐ]
Schwarzer Degenfisch mit gebratenen Bananen

alheira
[ɐˈʎeirɐ]
Portugiesische Wurst, meist mit Knoblauch

frango-assado
[ˈfrẽgu ɐˈsadu]
Brathähnchen

migas à alentejana
[ˈmigɐʃ a ɐlẽtəˈʒɐnu]
Gebratene Brotwürfel mit Schweinefleisch

portuguese-salgados
[purtuˈgeʃ sałˈgaduʃ]
Herzhafte Snacks

salmão-grelhado
[sałˈmɐ̃w̃ grɛˈʎadu]
Gegrillter Lachs

Süßspeisen

Sobremesa [sobrəˈmezɐ]

1. arroz doce [ɐˈʀoʃ ˈdosə]
2. bola de Berlim [ˈbɔlɐ də bərliˈm]
3. baba camelo [ˈbabɐ kɐˈmelu]
4. bolo de bolacha [ˈbolu də buˈlaʃɐ]
5. queijada Pereira [kɐjˈʒadɐ pəˈreirɐ]
6. molotov [ˈmɔlotuv]
7. natas do céu [ˈnataʃ du ˈsɛw]
8. pasteis de nata [pɐʃˈtaɪʃ də ˈnatɐ]
9. pudim de ovos [puˈdĩ də ˈovuʃ]
10. torta de laranja [ˈtɔrtɐ də lɐˈrɐ̃ʒɐ]
11. leite creme [ˈleitə ˈkrɛmə]
12. fios de ovos [ˈfiuʃ də ˈovuʃ]

1
2
3
4
5
6
7
8
9
10
11
12

Einkaufsmöglichkeiten

Lugares para comprar [lu'garɪs 'para kom'prar]

El Corte Inglés®
Continente®
Cascais Villa®
Continente®
Pingo Doce®
Casa Frazão®
Ikea®
Oeiras parque®
Centro Vasco da Gama®

o centro comercial

[u ˈsẽtru kumərˈsjaɫ]

das Einkaufszentrum

a loja

[ɐ ˈlɔʒɐ]

das Geschäft

o supermercado

[u supɛrmərˈkadu]

der Supermarkt

o armazém (de comércio)

[u ɐrmɐˈʒɐ̃i də kuˈmɛrsju]

das Kaufhaus

Alles, was das Herz begehrt

Tudo que seu coração deseja [ˈtudu kə ˈsew kurɐˈsɐ̃w̃ dəzəˈʒɐ]

a perfumaria

[ɐ pərfumɐˈriɐ]

die Parfümerie

o salão de cabeleireiro

[u sɐˈlɐ̃w̃ də kɐbəleiˈreiru]

der Friseursalon

a ourivesaria

[ɐ owrivəzɐˈriɐ]

das Juweliergeschäft

a florista

[ɐ fluˈriʃtɐ]

der Blumenladen

a loja de roupa

[ɐ ˈlɔʒɐ də ˈʀowpɐ]

die Modeboutique

---

a sapataria

[ɐ sɐpɐtɐˈriɐ]

das Schuhgeschäft

---

a loja de recordação

[ɐ ˈlɔʒɐ də ʀəkurdɐˈsɐ̃w̃]

der Souvenirladen

---

a loja de antiguidade

[ɐ ˈlɔʒɐ də ɐ̃tigwiˈdadə]

das Antiquitätengeschäft

Queria … [kə'riɐ]	Ich möchte ...
uma camisa. ['umɐ kɐ'mizɐ]	ein Hemd.
um par de calças. [ũ 'par də 'kałsɐʃ]	eine Hose.
um par de sapatos. [ũ 'par də sɐ'patuʃ]	ein Paar Schuhe.
um par de meias. [ũ 'par də 'mɐjɐʃ]	ein Paar Strümpfe.
duas blusas. ['duɐʃ 'bluzɐʃ]	zwei Blusen.
três jaquetas. ['tres ʒɐ'ketɐʃ]	drei Jacken.
quatro saias. ['kwatru 'sajɐʃ]	vier Röcke.
cinco casacos. ['sĩku kɐ'zakuʃ]	fünf Mäntel.

Quanto custa isso? [ˈkwɐ̃tu ˈkuʃtɐ ˈisu]	Wie viel kostet das?
Custa ... euro. [ˈkuʃtɐ ˈewru]	Das kostet...Euro.
Isso é muito caro. [ˈisu ɛ ˈmũintu ˈkaru]	Das ist sehr teuer.
Podia fazer-me um desconto? [puˈdiɐ fɐˈzer mə dəʃˈkõtu]	Können Sie mir das günstiger verkaufen?
Isso é muito barato. [ˈisu ɛ ˈmũintu bɐˈratu]	Das ist sehr billig.
Nada mais, obrigado / obrigada. [ˈnadɐ ˈmaiʃ ɔbriˈgadu ɔbriˈgadɐ]	Danke, das ist genug.
O preço é razoável. [u ˈpresu ɛ ʀɐˈzwavɛɫ]	Der Preis ist angemessen.
É muito curto / muito comprido. [ɛ ˈmũintu ˈkurtu ˈmũintu kõˈpridu]	Das ist zu kurz / zu lang.
Está muito apertado / muito largo. [iʃˈta ˈmũint‿ɐpərˈtadu ˈmũintu ˈlargu]	Das ist zu eng / zu weit.

Posso provar?

[ˈposu pruˈvar]

Kann ich das anprobieren?

Onde fica o provador?

[ˈõdə fiˈka u pruvɐˈdor]

Wo ist die Umkleidekabine?

A um preço reduzido

[ɐ ũ ˈpresu ʀəduˈzidu]
ermäßigter Preis

Promoção

[prumuˈsɐ̃w̃]
Werbeaktion

Desconto

[dəʃˈkõtu]
Rabatt

Die Farben

As cores [ɐʃ ˈkoreʃ]

o branco
[u ˈbrɐ̃ku]
weiß

o preto
[u ˈpretu]
schwarz

a laranja
[ɐ lɐˈrɐ̃ʒɐ]
orange

o castanho
[u kɐʃˈtɐɲu]
braun

o cinzento
[u sĩˈzẽtu]
grau

o azul claro
[u ɐˈzuɫ ˈklaru]
hellblau

claro
['klaru]
hell

escuro
[iʃ'kuru]
dunkel

o vermelho
[u vərˈmɐjʎu]
rot

a rosa
[ɐ ˈʀɔzɐ]
rosa

o amarelo
[u ɐmɐˈrɛlu]
gelb

o verde
[u ˈverdə]
grün

o azul escuro
[u ɐ'zuł iʃ'kuru]
dunkelblau

a roxa
[ɐ ˈʀoʃɐ]
lila

Die Zahlen

Os números [uʃ ˈnumǝruʃ]

0	zero	[ˈzɛru]
1	um	[ũ]
2	dois	[ˈdoiʃ]
3	três	[ˈtreʃ]
4	quatro	[ˈkwatru]
5	cinco	[ˈsĩku]
6	seis	[ˈseiʃ]
7	sete	[ˈsɛtǝ]
8	oito	[ˈoitu]
9	nove	[ˈnɔvǝ]
10	dez	[ˈdɛʃ]
11	onze	[ˈõzǝ]
12	doze	[ˈdozǝ]
13	treze	[ˈtrezǝ]
14	catorze	[kɐˈtorʒǝ]
15	quinze	[ˈkĩzǝ]
16	dezasseis	[dǝzɐˈseiʃ]
17	dezassete	[dǝzɐˈsɛtǝ]
18	dezoito	[dǝˈzojtu]
19	dezanove	[dǝzɐˈnɔvǝ]
20	vinte	[ˈvĩtǝ]
21	vinte e um	[ˈvĩt‿i ũ]
22	vinte e dois	[ˈvĩt‿i ˈdoiʃ]
23	vinte e três	[ˈvĩt‿i ˈtreʃ]
24	vinte e quatro	[ˈvĩt‿i ˈkwatru]
25	vinte e cinco	[ˈvĩt‿i ˈsĩku]
26	vinte e seis	[ˈvĩt‿i ˈseiʃ]

27	vinte e sete	[ˈvĩt‿iˈsɛtə]
28	vinte e oito	[ˈvĩt‿i ˈoitu]
29	vinte e nove	[ˈvĩt‿i ˈnɔvə]
30	trinta	[ˈtrĩtɐ]
40	quarenta	[kwɐˈrẽtɐ]
50	cinquenta	[sĩˈkwẽtɐ]
60	sessenta	[səˈsẽtɐ]
70	setenta	[səˈtẽtɐ]
80	oitenta	[ojˈtẽtɐ]
90	noventa	[nuˈvẽtɐ]
100	cem	[ˈsɐ̃i]
101	cento e um	[ˈsẽtwi ũ]
102	cento e dois	[ˈsẽtu ˈɛ ˈdoiʃ]
200	duzentos	[duˈzẽtuʃ]
300	trezentos	[trəˈzẽtuʃ]
400	quatrocentos	[kwatruˈsẽtuʃ]
500	quinhentos	[kiˈɲẽtuʃ]
600	seiscentos	[seiʃˈsẽtuʃ]
700	setecentos	[sɛtəˈsẽtuʃ]
800	oitocentos	[ojtuˈsẽtuʃ]
900	novecentos	[nɔvəˈsẽtuʃ]
1000	mil	[ˈmiɫ]
10 000	dez mil	[dɛʃ ˈmiɫ]
100 000	cem mil	[ˈsɐ̃i miɫ]
1 000 000	um milhão	[ũ miˈʎɐ̃w̃]

1

o primeiro / a primeira

[u pri'meiru ɐ pri'mɐjrɐ]

der/das/die erste

2

o segundo / a segunda

[u sə'gũdu ɐ sə'gũdɐ]

der/das/die zweite

3

o terceiro / a terceira

[u tər'seiru ɐ tər'seirɐ]

der/das/die dritte

o quarto / a quarta	[uˈkwartu ɐ ˈkwartɐ]	der/das/die vierte
o quinto / a quinta	[uˈkĩtu ɐ ˈkĩtɐ]	der/das/die fünfte
o sexto / a sexta	[uˈseiʃtu ɐ ˈseiʃtɐ]	der/das/die sechste
o sétimo / a sétima	[uˈsɛtimu ɐ ˈsɛtimɐ]	der/das/die siebte
o oitavo / a oitava	[u oiˈtavu ɐ oiˈtavɐ]	der/das/die achte
o nono / a nona	[uˈnonu ɐ ˈnonɐ]	der/das/die neunte
o décimo / a décima	[uˈdɛsimu ɐ ˈdɛsimɐ]	der/das/die zehnte

Wann denn?

Quando então? [ˈkwɐ̃du ɐ̃ˈtɐ̃w̃]

ontem
[ˈõtɐ̃i]
gestern

ontem à noite
[ˈõtɐ̃i a ˈˈnoitə]
letzte Nacht

anteontem
[ɐ̃ˈtjõtɐ̃i]
vorgestern

semana passada
[səˈmɐnɐ pɐˈsadɐ]
letzte Woche

ano passado
[ˈɐnu pɐˈsadu]
letztes Jahr

hoje
[ˈoʒə]

heute

---

amanhã
[amɐˈɲɐ̃]

morgen

depois de amanhã
[dəˈpoiʒ d‿amɐˈɲɐ̃]

übermorgen

---

próxima semana
[ˈprɔsimu səˈmɐnɐ]

nächste Woche

próximo ano
[ˈprɔsimu ɐnu]

nächstes Jahr

Rund um die Uhr

Tudo sobre o tempo [ˈtudu ˈsobrə u ˈtẽpu]

o tempo [u ˈtẽpu]	die Uhrzeit
o relógio [u ʀəˈlɔʒju]	die Uhr
o segundo [u səˈgũdu]	die Sekunde
os segundos [uʃ səˈgũduʃ]	die Sekunden
o minuto [u miˈnutu]	die Minute
os minutos [uʃ miˈnutuʃ]	die Minuten
um quarto de hora [ũ ˈkwartu d‿ˈɔrɐ]	ein Viertel
a meia hora [ɐ ˈmɐjɐ ˈɔrɐ]	die halbe Stunde
a hora [ɐ ˈɔrɐ]	die Stunde
as horas [ɐʃ ˈɔrɐʃ]	die Stunden

a manhã

[ɐ mɐˈɲɐ̃]

der Morgen

o meio-dia

[u ˈmɐju ˈdiɐ]

der Mittag

a tarde

[ɐ ˈtardə]

der Nachmittag / der Abend

a noite

[ɐ ˈnoitə]

die Nacht

a meia-noite

[ɐ ˈmɐjɐ ˈnoitə]

Mitternacht

cedo
[ˈsedu]
früh

tarde
[ˈtardə]
spät

Que horas são?

[kə ˈɔrɐʃ ˈsɐ̃w̃]

Wie spät ist es?

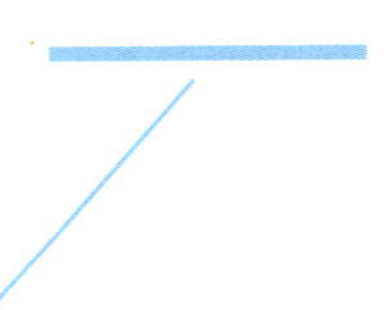

7:10 hrs.

São sete horas e dez minutos.

[ˈsɐ̃w̃ ˈsɛtə ˈɔrɐz‿ɛ ˈdɛʃ miˈnutuʃ]

Es ist zehn nach sieben.

É uma hora.

[ɛ ˈumɐ ˈɔrɐ]

Es ist ein Uhr.

7:15 hrs.

São sete horas e um quarto.

[ˈsɐ̃w̃ ˈsɛtə ˈɔrɐz‿ɛ ũ ˈkwartu]

Es ist Viertel nach sieben.

8: 00 hrs.

São oito horas.

[ˈsɐ̃w̃ ˈoitu ˈɔrɐʃ]

Es ist acht Uhr.

9:50 hrs.
São dez minutos para dez.
[ˈsɐ̃w̃ ˈdɛʃ miˈnutuʃ ˈpɐrɐ ˈdɛʃ]
Es ist zehn vor zehn.

10:00 hrs.
São dez horas.
[ˈsɐ̃w̃ ˈdɛz‿ˈɔrɐʃ]
Es ist zehn Uhr.

10:10 hrs.
São dez horas e dez minutos.
[ˈsɐ̃w̃ ˈdɛz‿ˈɔrɐz‿ɛ ˈdɛʃ miˈnutuʃ]
Es ist zehn nach zehn.

10:30 hrs.
São dez horas e meia.
[ˈsɐ̃w̃ ˈdɛz‿ˈɔrɐz‿ˈɛ ˈmɐjɐ]
Es ist halb elf.

12:00 hrs.
É meio-dia.
[ɛ ˈmɐju ˈdiɐ]
Es ist Mittag.

19:55 hrs.
São cinco minutos para oito da noite.
[ˈsɐ̃w̃ ˈsĩku miˈnutuʃ ˈpɐrɐ oitu dɐ ˈnoitə]
Es ist fünf vor acht Uhr abends.

22:00 hrs.
São dez da noite.
[ˈsɐ̃w̃ ˈdɛz dɐ ˈnoitə]
Es ist zehn Uhr abends.

00:00 hrs.
É meia-noite.
[ɛ ˈmɐjɐ ˈnoitə]
Es ist Mitternacht.

Die Wochentage

Os dias de semana
[uʃ ˈdiɐʃ də səˈmɐnɐ]

segunda-feira	terça-feira	quarta-feira
[səˈgũdɐ ˈfeirɐ]	[ˈteɾsa ˈfeirɐ]	[ˈkwartɐ ˈfeirɐ]
Montag	Dienstag	Mittwoch

dia de Trabalho [ˈdiɐ də trɐˈbaʎu]	der Werktag
final de semana [fiˈnał də səˈmɐnɐ]	das Wochenende
feriado [fəˈrjadu]	der Feiertag
dia de descanso [ˈdiɐ də dəʃˈkɐ̃su]	der Ruhetag

quinta-feira	sexta-feira	sábado	domingo
[ˈkĩtɐ ˈfeirɐ]	[ˈseiʃtɐ ˈfeirɐ]	[ˈsabɐdu]	[duˈmĩgu]
Donnerstag	Freitag	Samstag	Sonntag

Que dia é hoje? — Welchen Tag haben wir heute?

[kə ˈdiɐ ɛ ˈoʒə]

É segunda-feira. — Heute ist Montag.

[ɛ səˈgũdɐ ˈfeirɐ]

Qual é a data de hoje? — Welches Datum haben wir heute?

[ˈkwał‿ɛ ˈdatɐ d‿ˈoʒə]

É o dia 10 de janeiro. — Es ist der 10. Januar.

[ɛ u ˈdiɐ ˈdɛʒ də ʒɐˈneiru]

Hoje é feriado? — Ist heute ein Feiertag?

[ˈoʒə ɛ fəˈrjadu]

1

Janeiro

[ʒɐˈneiru]

Januar

2

Fevereiro

[fəvəˈreiru]

Februar

5

Maio

[ˈmaju]

Mai

6

Junho

[ˈʒuɲu]

Juni

9

Setembro

[səˈtẽbru]

September

10

Outubro

[owˈtubru]

Oktober

Die zwölf Monate des Jahres

Os doze meses do ano [uʃ ˈdozə ˈmeʃeʒ d‿ˈɐnu]

3

março

[ˈmarsu]

März

4

Abril

[ɐˈbriɫ]

April

7

Julho

[ˈʒuʎu]

Juli

8

Agosto

[ɐˈgoʃtu]

August

11

Novembro

[nuˈvẽbru]

November

12

Dezembro

[dəˈzẽbru]

Dezember

Das Wetter und die Jahreszeiten

O tempo e as estações [u ˈtẽpu ˈɛ aʃ iʃtɐˈsɐ̃w̃ʃ]

a primavera

[ɐ primɐˈvɛrɐ]

der Frühling

o verão

[u vəˈrɐ̃w̃]

der Sommer

o outono

[u owˈtonu]

der Herbst

o inverno

[u ĩˈvɛrnu]

der Winter

Como está o tempo hoje? [ˈkomu iʃˈta u ˈtẽpu ˈoʒə]	Wie ist das Wetter heute?
O tempo está bom hoje. [u ˈtẽpu iʃˈta ˈbõ ˈoʒə]	Das Wetter ist heute schön.
Está sol. [iʃˈta ˈsɔł]	Die Sonne scheint.
O tempo está ruim hoje. [u ˈtẽpu iʃˈta ʀuˈĩ ˈoʒə]	Das Wetter ist heute schlecht.
Está quente. [iʃˈta ˈkẽtə]	Es ist heiß.
Está muito quente. [iʃˈta ˈmũintu ˈkẽtə]	Es ist sehr heiß.
Estou fervendo. [iʃtow fərˈvẽdu]	Mir ist sehr heiß.
Está muito frio. [iʃˈta ˈmũintu ˈfriu]	Es ist sehr kalt.
Estou congelando. [iʃtow kõʒəlẽˈḍɔ]	Mir ist sehr kalt.
Está vento. [iʃˈta ˈvẽtu]	Es ist windig.
Está nublado. [iʃˈta nuˈbladu]	Es ist neblig.
Está chuvoso. [iʃˈta ʃuˈvozu]	Es regnet.
Está chuviscando. [iʃˈta ʃuviʃˈkẽˈdu]	Es nieselt.
Está nevando. [iʃˈta nəˈvẽˈdu]	Es schneit.

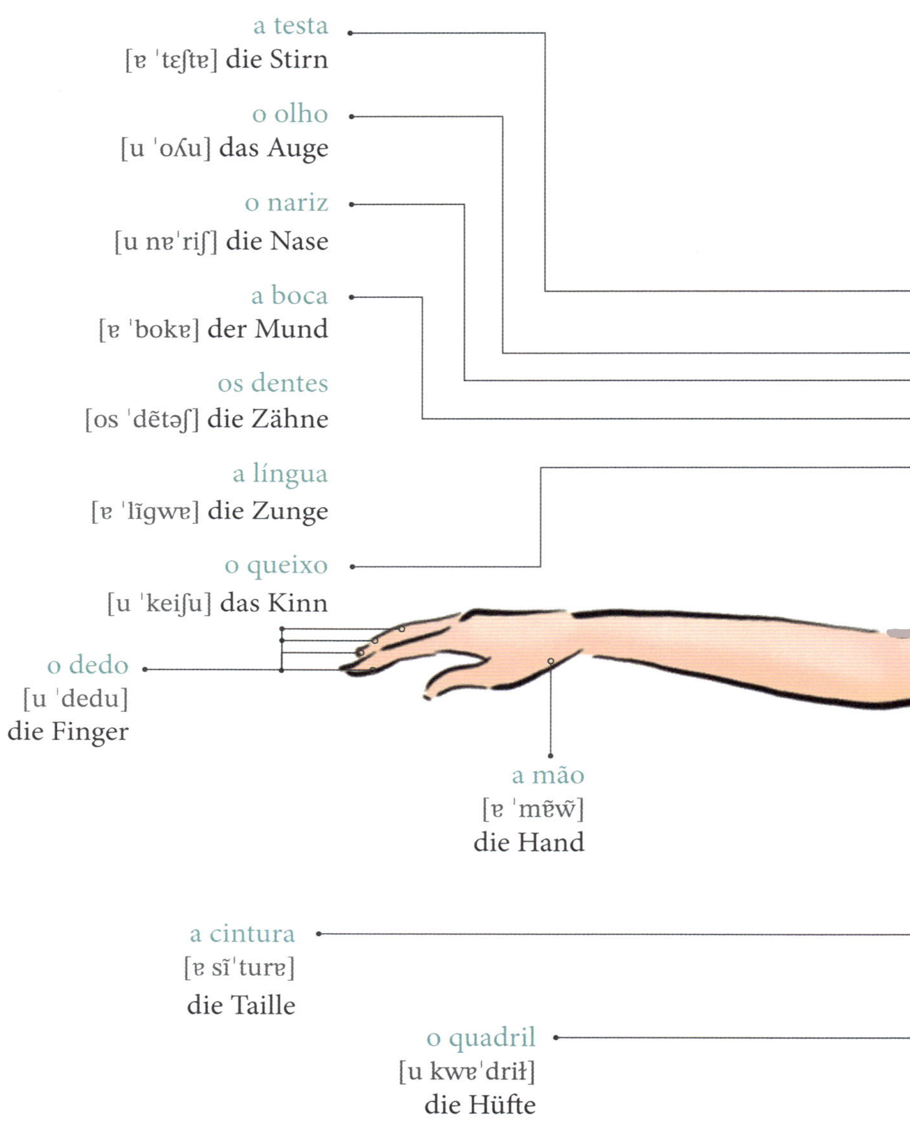

Die Körperteile

As partes do corpo [ɐʃ ˈpartəʃ du ˈkorpu]

a cabeça
[ɐ kɐˈbesɐ]
der Kopf
a face
[ɐ ˈfasə]
das Gesicht
a orelha
[ɐ oˈrɐjʎɐ]
das Ohr
a bochecha
[ɐ buːˈʃɐjʃɐ]
die Wange
o pescoço
[o pəʃˈkosu]
der Hals

o cabelo
[u kɐˈbelu]
die Haare
o ombro
[u ˈõbru]
die Schulter
a mão
[ɐ ˈmɐ̃w̃]
die Hand
as costas
[ɐʃ ˈkɔʃtɐʃ]
der Rücken
o corpo
[u ˈkorpu]
der Körper

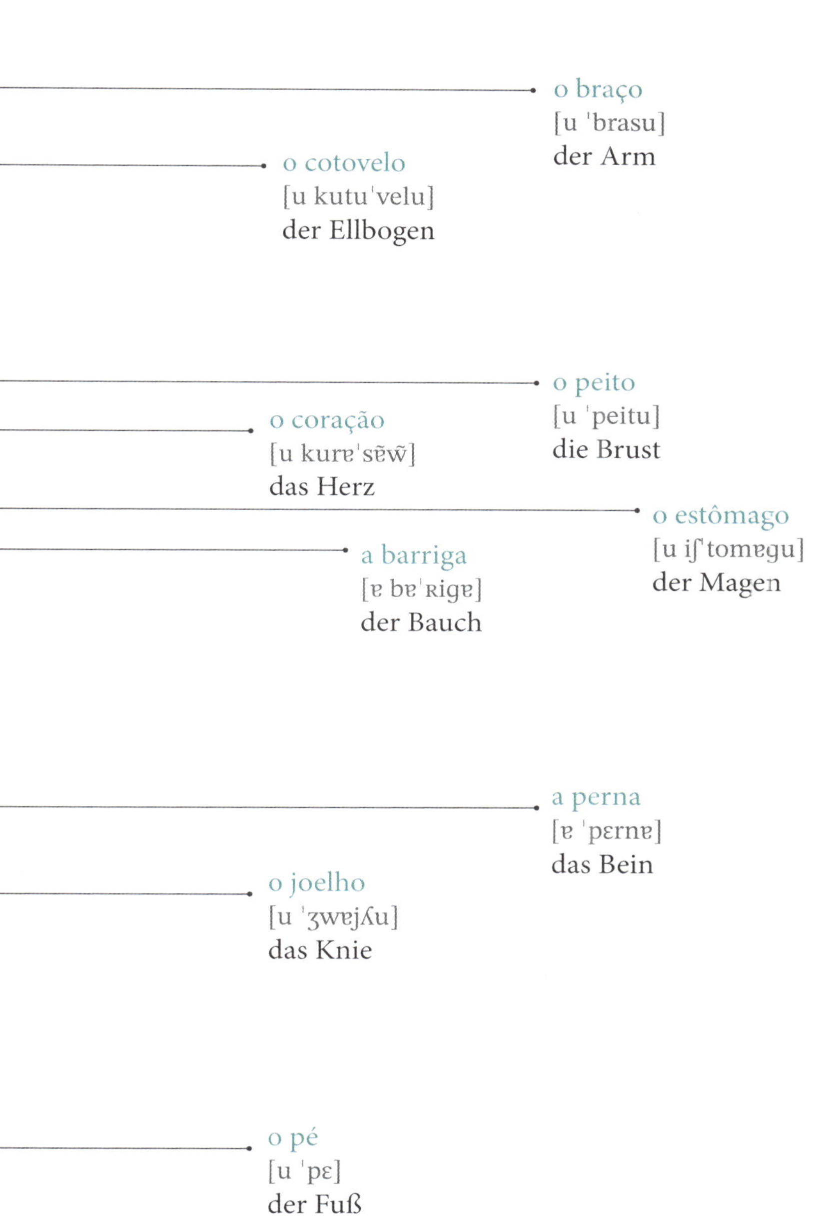
o braço
[u 'brasu]
der Arm
o cotovelo
[u kutu'velu]
der Ellbogen
o peito
[u 'peitu]
die Brust
o coração
[u kurɐ'sɐ̃w̃]
das Herz
o estômago
[u iʃ'tomɐgu]
der Magen
a barriga
[ɐ bɐ'ʀigɐ]
der Bauch
a perna
[ɐ 'pɛrnɐ]
das Bein
o joelho
[u 'ʒwɐjʎu]
das Knie
o pé
[u 'pɛ]
der Fuß

Tätigkeiten des Alltags

Atividades diárias [ativiˈdadəʒ ˈdjarjɐʃ]

acordar
[ɐkurˈdar]
aufwachen

levantar-se
[ləvɐ̃ˈtar sə]
aufstehen

lavar os dentes
[lɐˈvar uʃ ˈdẽtəʃ]
sich die Zähne putzen

tomar um duche
[tuˈmar ũ ˈduʃə]
duschen

tomar banho
[tuˈmar ˈbɐɲu]
ein Bad nehmen

cozinhar
[kuziˈɲar]
kochen

comer
[kuˈmer]
essen

beber
[bəˈber]
trinken

contemplar
[kõtẽˈplar]
anschauen

escrever
[iʃkrəˈver]
schreiben

ler
[ˈler]
lesen

esperar
[iʃpəˈrar]
warten

encontrar
[ẽkõˈtrar]
treffen

dar
[ˈdar]
geben

estar satisfeito
[iʃˈtar sɐtiʃˈfeitu]
zufrieden

dançar
[dɐ̃ˈsar]
tanzen

rir
[ˈʀir]
lachen

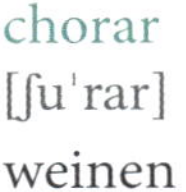

chorar
[ʃuˈrar]
weinen

ir
[ˈir]
gehen

telefonar
[tələfuˈnɐr]
telefonieren

praticar desporto
[prɐtiˈkar dəʃˈportu]
Sport treiben

observar
[ɔbsərˈvar]
beobachten

pintar
[pĩˈtar]
malen

cantar
[kɐ̃ˈtar]
singen

fotografar
[futugrɐˈfar]
fotografieren

divertir-se
[divəʀˈtirsə]
sich amüsieren

vender
[vẽˈder]
verkaufen

comprar
[kõˈprar]
kaufen

trabalhar
[trɐbɐˈʎar]
arbeiten

aprender
[ɐprẽˈder]
lernen

ensinar
[ẽsiˈnar]
lehren

amar
[ɐˈmar]
lieben

abraçar
[ɐbrɐˈsar]
umarmen

beijar
[beiˈʒar]
küssen

casar-se
[kɐˈzar sə]
heiraten

Wenn man sich krank fühlt

Quando se sente doente [ˈkwɐ̃du sə sẽtə ˈdwẽtə]

Não me sinto bem. [ˈnɐ̃w̃ mə sẽˈtu ˈbɐ̃i]	Ich bin krank.
Preciso vomitar. [prəˈsizu vumiˈtar]	Ich muss mich übergeben.
Sinto-me mal. [sẽˈtumə ˈmaɫ]	Mir ist übel.
Dói-me aqui. [ˈdɔjm‿ɐˈki]	Hier tut es weh.
Tenho febre. [ˈteɲũ ˈfɛbrə]	Ich habe Fieber.
Dói-me a cabeça. [ˈdɔjm‿ɐ kɐˈbesɐ]	Ich habe Kopfschmerzen.
Dói-me o estômago. [ˈdɔjm‿u iʃˈtomɐgu]	Ich habe Bauchschmerzen.

Dói-me a garganta. [ˈdɔjm‿ɐ gɐrˈgɐ̃tɐ]	Ich habe Halsschmerzen.
Tenho dor nas costas. [ˈteɲũ ˈdor nɐʃ ˈkɔʃtɐʃ]	Ich habe Rückenschmerzen.
Tenho dor de dente. [ˈteɲũ ˈdor də ˈdẽtə]	Ich habe Zahnschmerzen.
Tenho constipação. [ˈteɲũ kõʃtipɐˈsɐ̃w̃]	Ich habe Verstopfung.
Tenho diarréia. [ˈteɲũ djɐˈʀɐjɐ]	Ich habe Durchfall.
Tenho uma alergia. [ˈteɲũ ˈumɐ ɐlərˈʒiɐ]	Ich habe eine Allergie.
Tenho coceira. [ˈteɲũ kuˈseirɐ]	Ich habe Juckreiz.

A farmácia

[ɐ fɐrˈmasjɐ] die Apotheke

o hospital

[u ɔʃpiˈtaɫ] das Krankenhaus

o remédio

[u ʀəˈmɛdju] die Medizin

o médico / a médica

[u ˈmɛdiku ɐˈmɛdikɐ] der Arzt / die Ärztin

dentista

[dẽˈtiʃtɐ] der Zahnarzt / die Zahnärztin

oftalmologista

[ɔftaɫmuluˈʒiʃtɐ] derAugenarzt / die Augenärztin

o enfermeiro / a enfermeira

[u ẽfərˈmeiru ɐ ẽfərˈmeirɐ] der Krankenpfleger / die Krankenschwester

a ambulância

[ɐ ɐ̃buˈlɐ̃sjɐ] der Krankenwagen

Saúde!

[sɐˈudə]

Gesundheit!

Notfälle

Emergências
[imər'ʒẽsjɐʃ]

Onde é a casa de banho?

['õd‿ɛ ɐ 'kazɐ də 'bɐɲu]

Wo ist die Toilette?

Preciso ir a casa de banho.

[prə'sizu 'ir ɐ 'kazɐ də 'bɐɲu]

Ich muss zur Toilette gehen.

Há uma casa de banho pública aqui perto?

['a 'umɐ 'kazɐ də 'bɐɲu 'publikɐ ɐ'ki 'pɛrtu]

Gibt es hier eine öffentliche Toilette?

Preciso ir ao hospital.

[ˈprəˈsizu ˈir aw ɔʃpiˈtał]

Ich muss sofort ins Krankenhaus.

Ligue para a polícia, por favor!

[li'ge 'par‿ɐ pu'lisjɐ pur fɐ'vor]

Rufen Sie bitte die Polizei!

Socorro!

[su'koʀu]

Hilfe!

Was sagen uns die Schilder?

O que esses sinais dizem? [u kə ˈesəʃ siˈnaiz diˈzɐ̃i]

AVISO

[ɐˈvizu]

ACHTUNG

ATENÇÃO ENTRADA PROIBIDA

[ɐtẽˈsɐ̃w̃ ẽˈtradɐ pruiˈbidɐ]

ACHTUNG KEIN DURCHGANG

ÁREA RESTRITA

[ˈarjɐ ʀəʃˈtritu]

GESPERRT

PERIGO DA MORTE

[pəˈrigu dɐ ˈmɔrtə]

LEBENSGEFAHR

SAÍDA DE INCÊNDIO

[sɐˈidɐ d‿ĩˈsẽdju]

FLUCHTWEG

SAÍDA DE EMERGÊNCIA

[sɐˈidɐ d‿imərˈʒẽsjɐ]

NOTAUSGANG

AVISO
SOMENTE PESSOAL AUTORIZADO

[ɐˈvizu sɔˈmẽtə pəˈswał awturiˈzadu]

UNBEFUGTEN IST
DER ZUTRITT VERBOTEN

SENTIDO ÚNICO

[sẽˈtidu ˈuniku]

EINBAHNSTRAẞE

PROIBIDO ESTACIONAR

[pruiˈbidu iʃtɐsjuˈnar]

PARKEN VERBOTEN

PASSADEIRA

[pɐsɐˈdɐjrɐ]

FUẞGÄNGERÜBERWEG

CUIDADO CÃO BRAVO

[kujˈdadu ˈkɐ̃w̃ ˈbravu]

VORSICHT! BISSIGER HUND

ESCOLA

[iʃˈkɔlɐ]

ACHTUNG SCHULE

ESTACIONAMENTO RESERVADO APENAS PARA RESIDENTES
[iʃtɐsjunɐˈmẽtu ʀəzərˈvadu ɐˈpenɐʃ ˈpɐrɐ ʀəziˈdẽtəʃ]

ANLIEGER FREI

CINEMA
[siˈnemɐ]

KINO

NÃO PERTURBE
[ˈnɐ̃w̃ pərturˈbə]

BITTE NICHT STÖREN

PROIBIDO FUMAR
[pruiˈbidu fuˈmar]

RAUCHEN VERBOTEN

MULHERES
[muˈʎɛrəʃ]

DAMEN

HOMENS
[ˈɔmɐ̃ʃ]

HERREN

ABERTO

[ɐˈbɛrtu]

GEÖFFNET

FECHADO

[fəˈʃadu]

GESCHLOSSEN

EMPURRAR

[ẽpuˈʀar]

DRÜCKEN

PUXAR

[puˈʃar]

ZIEHEN

SELF-SERVICE

[sɛɫfˈsɛrvisə]

SELBSTBEDIENUNG

RESERVADO

[ʀəzərˈvadu]

RESERVIERT

Gefühlsausbrüche

Jetzt kommen wir zu einem ganz besonderen Kapitel - dem Kapitel über die Gefühlsausbrüche. Was hat dieses seltsame, außergewöhnliche Thema mit einem Buch, das sich mit dem Erstkontakt in einer fremden Sprache beschäftigt, zu tun?

Mit diesem Thema begebe ich mich mit dir zusammen auf eine heikle Gratwanderung. Ich bin mir ziemlich sicher, dass du in keinem anderen Sprachbuch etwas darüber finden wirst. Das kann ich gut verstehen, denn es ist eben ein heikles Thema. Aber ich finde es so wertvoll, so unentbehrlich für dich. Ich finde, du solltest damit vertraut sein, weil es dir helfen kann, dich in Portugal nicht ungewollt zu blamieren.

Gefühlsausbrüche gibt es nicht nur bei Portugiesen, sondern in jedem anderen Land der Welt. Jedes Kind wird von klein auf damit vertraut gemacht und verinnerlicht diese Form der Kommunikation. Aber... aber... es ist nicht leicht, damit umzugehen. Erst einmal erkläre ich dir, was ich mit dem Thema überhaupt verdeutlichen will, was ich mit dem Begriff „Gefühlsausbrüche“ meine.

Gefühlsausbrüche sind Wörter, die automatisch aus dem Mund herauspurzeln. Das passiert oft ohne, dass man darüber nachdenkt. Schwupps, da sind sie! Und sie sind nicht mehr rückgängig zu machen, wenn sie einmal ausgesprochen sind.

Gefühlsausbrüche haben die Aufgabe, eine aufgebrachte Seele wieder zur Ruhe zu bringen, wenn sie zuvor durch Zorn, Enttäuschung, Erschrecken, Verwunderung, Entzückung oder Ähnliches in Wallung geraten ist. Man könnte sie auch als seelische Turbulenzenberuhiger bezeichnen.

Gefühlsausbrüche gibt es in unterschiedlichen Graden und Stärken. Diese Grade sind stark abhängig von der jeweiligen Bedeutung, Betonung oder Situation, in denen sie ausgesprochen werden. Leichte Gefühlsausbrüche kann man im Selbstgespräch einfach vor sich hinmurmeln, zur sanften Abkühlung der Seele. Starke Gefühlsausbrüche sind oft schlimme, tief verletzende Beschimpfungen für andere Mitmenschen. Letztere nennt man auf Portugiesisch: Palavrão.

Jetzt kannst du vielleicht ahnen, weshalb das Thema so schwierig, ja fast schon vulgär sein kann. Hörst du als Ausländer den Portugiesen beim Sprechen zu, werden deine Ohren sehr, sehr oft auf Gefühlsausbrüche stoßen. Vermutlich fällt den Portugiesen selber der häufige Gebrauch beim Sprechen gar nicht auf.

Aber das zeichnet die portugiesische Sprache nicht explizit aus. Denn jede Sprache kennt sie und in jeder Sprache werden sie ähnlich unbewusst und häufig im Alltag eingesetzt. Die Portugiesen sind vielleicht nicht erfreut darüber, dass ich mich dem Thema der Gefühlsausbrüche widme.

Ich habe keine böse Absicht dabei. Ich mache es nicht, um die portugiesische Sprache zu beschmutzen oder zu verunglimpfen, sondern, um dich vor Fettnäpfchen im Umgang mit der Fremdsprache zu bewahren.

Hörst du diese Wörter in Portugal und übernimmst sie selber beim Sprechen, ist es sehr wahrscheinlich, dass du nicht den exakten Grad der Betonung findest, sie nicht in genau dem richtigen Augenblick einsetzt oder der Einsatz nicht der entsprechenden Beziehung zu deinem Gegenüber passt.

Also: Verschließe nicht deine Ohren, wenn du sie vernimmst, aber plappere sie auch nicht einfach nach. Kenne sie als Fremder gut, aber nutze sie ganz behutsam und nur dann, wenn du dir in der Anwendung zu hundert Prozent sicher bist!

Ein behutsamer Umgang mit Gefühlsausbrüchen wird dich vor einigen Peinlichkeiten bewahren. Zum Glück gibt es dieses Sprachbuch für dich!
Fangen wir also an:

Das erste Wort, mit dem wir uns beschäftigen, heißt: „Merda!“.
Übersetzt beschreibt dieses Wort das organische Endprodukt des Verdauungsprozesses. Es gibt auch im Deutschen eine Entsprechung zu dem Wort, die ich aber aus Höflichkeit nicht exakt übersetze.

Jeder kennt die Verwendung des Wortes und in jedem Land gibt es Entsprechungen dafür, deswegen spare ich mir weitere Ausführungen. Es ist gesagt, du hast es gehört und gut damit!

Die folgenden zwei portugiesischen Gefühlsausbrüche haben ungefähr die gleiche Bedeutung und unterscheiden sich nur minimal voneinander. Sie werden in ähnlichen Situationen zum Einsatz gebracht. Diese zwei Wörter sind in der deutschen Sprache ebenfalls bekannt und bedürfen keiner längeren Ausführungen. Sie lauten: „Idiota!" und „Estúpido! (mänlich) / Estúpida! (weiblich)" Natürlich ist damit eine Beschimpfung für eine Person gemeint, die man als dumm empfindet.

Dann kommen wir zum: „Burro! / Burra!", was „Esel" auf Deutsch heißt. Der Sprecher setzt dabei voraus, dass Esel generell dumm seien und dass der Beschimpfte deswegen diesem sympathischen Tier gleiche.

Damit sich kein Portugiese verletzt fühlt, wenn er das Buch in die Hand nimmt und auf diese Wörter stößt, werde ich bei den kommenden Ausführungen eine gewisse Kodierung einsetzen. Ich werde die Wörter nicht ausschreiben, sondern mit dem offiziellen Buchstabieralphabet ausdrücken.

Das erste kodierte Wort lautet: Friedrich, Otto, Dora, Anton, Samuel, Emil. Ins Deutsche übersetzt, meint man damit ein sehr unschönes Schimpfwort, das eigentlich nur den Sexualakt bezeichnet. Auf jeden Fall meint es als Gefühlsausbruch benutzt nichts Schönes, sondern einen blanken Ausdruck starken Ärgers im gegenwärtigen Moment.

Der Vergleich mit dem Anus wird auch mit großer Häufigkeit dazu benutzt, andere scharf zu beschimpfen. In unserer Kodiersprache lautet es dann:

Otto, Ludwig, Heinrich, Otto,
Dora, Otto,
Cäsar, Ulrich.

Dieses Schimpfwort ist auch in der deutschen Sprache sehr gut bekannt.

Eine Prostituierte würde man im Portugiesischen abfällig als Paula, Ulrich, Theodor, Anton beschimpfen. Wohlgemerkt, dies ist nicht die offizielle Übersetzung für diese Tätigkeit, sondern eine Beschimpfung einer Frau.

Möchte man im Portugiesischen ausdrücken, dass man der Meinung ist, dass ein Mann oder ein Junge ein Sohn einer Prostituierten sei, drückt man dies so aus:

Friedrich, Ida, Ludwig, Heinrich, Otto,
Dora, Anton,
Paula, Ulrich, Theodor, Anton.

Natürlich weiß man, dass dies nicht der Wirklichkeit entspricht, aber man möchte dem anderen richtig heftig wehtun und ihn verletzen.

Wir steigen für einen kurzen Augenblick in den tiefsten Keller der portugiesischen Schimpfwörter hinab. An dieser Stelle möchte ich noch einmal ganz klar meine Absicht dabei benennen. Es geht mir nicht darum, dich zum Profi für derbe portugiesische Beschimpfungen zu machen, sondern ich möchte dich vor den dunklen Abgründen der Vulgärsprache bestmöglich schützen.

Die beiden letzten Begriffe meinen das Gleiche: Orientieren wir uns an der wortwörtlichen Übersetzung, wenden wir uns nun der menschlichen Rückseite zu, genau genommen dem ringförmigen Schließmuskel am Endes des Verdauungstraktes. Die Begriffe lauten in kodierter Form ausgedrückt so:

Viktor, Anton, Ida, Anton, Paula, Anton, Nordpol, Heinrich, Anton, Richard, Nordpol, Otto, Cäsar, Ulrich.

In der anderen Form lautet er so:

Viktor, Anton, Ida, Theodor, Otto, Martha, Anton, Richard, Nordpol, Otto, Cäsar, Ulrich.

Ich gehe bei der Deutung in diesem Fall nicht ins Detail. Sagt dies jemand zu einem anderen, dann ist kein Spaß und keine Freundlichkeit mehr im Spiel, sondern tief empfundene Ablehnung und Verachtung für den Angesprochenen.

So, lieber Leser, leibe Leserin, es ist mir nicht leicht gefallen, dir dieses sensible und heikle Thema darzulegen. Aber mir ist es ein Anliegen, dir größtmögliche Sicherheit beim ersten Kontakt mit der portugiesischen Sprache zu schenken.

Dazu gehören nun einmal auch die Ausführungen über die Gefühlsausbruchswörter. Man könnte das Thema sicherlich noch weiter ausbreiten. Aber es reicht, wenn du eine klare Vorstellung davon hast, um einen möglichen Tritt in ein Fettnäpfchen zu vermeiden. Bedenke immer, dass die Gefühlsausbruchswörter unterschiedliche Stärken haben und Vielfältiges ausdrücken können. Sie werden von allen Gesellschaftsschichten verwendet.

Kommst du mit diesen Ausdrücken in Kontakt, versuche feinfühlig zu erspüren, ob der Sprecher ärgerlich, unzufrieden, wütend oder ob er fröhlich und verschmitzt wirkt. Und dann vermeide das eigene Aussprechen dieser dir jetzt bekannten Wörter tunlichst.

Es könnte nicht nur hochpeinlich für dich werden oder gar deine Gesundheit gefährden, sondern du könntest einem Mitmenschen bei nicht ganz sachgerechter Anwendung sehr, sehr wehtun.

Bravo!

[ˈbravu]

Bravo!

Brilhante!

[briˈʎɐ̃tə]

Genial!

Ótimo!

[ˈɔtimu]

Super!

Perfeito!

[pərˈfeitu]

Perfekt!

Komplimente

Elogios [ilu'ʒiuʃ]

Maravilhoso!
[mɐrɐvi'ʎozu]

Wunderbar!

Magnífica!
[ma'gnifikɐ]

Herrlich!

Romantisches

Romântico [ʀuˈmɐ̃tiku]

Você é tão lindo / linda.

[vɔˈse ɛ ˈtɐ̃w̃ ˈlĩdu ˈlĩdɐ] Du bist so hübsch.

Você tem olhos lindos.

[vɔˈse tɐ̃i ˈoʎuʃ ˈlĩduʃ] Du hast schöne Augen.

Você é único / única .

[vɔˈse ɛ ˈuniku ˈunikɐ] Du bist außergewöhnlich.

Gosto muito de você.

[ˈgoʃtu ˈmũintu də vɔˈse] Ich mag dich sehr.

Você amo.

[vɔˈse ˈɐmu] Ich liebe dich.

Você amo muito.

[vɔˈse ˈɐmu ˈmũintu] Ich liebe dich sehr.

Você é tão bonita.

[vɔˈse ɛ ˈtɐ̃w̃ buˈnitɐ]

Du bist so schön!

Você é esplêndido.

[vɔˈse ɛ iʃˈplẽdidu]

Du bist wundervoll.

Te amo.

[tə ˈɐmu]

Ich liebe dich.

Você quer casar comigo?

[vɔˈse ˈkɛr kɐˈzar kuˈmigu]

Willst du mich heiraten?

Você é maravilhosa.

[vɔˈse ɛ mɐɾɐviˈʎozɐ]

Du bist bezaubernd.

Land und Leute

País e gente [pɐˈiʃ i ˈʒẽtə]

Wenn du etwas über die Gestalt und Form des Landes Portugal erfahren möchtest, ist der einfachste Weg, dir die Landkarte anzusehen. Willst du etwas Näheres von den Leuten erfahren, wie sie denken, wie sie ihr Leben angehen, dann ist der direkteste Weg, einige Sprichwörter des Landes kennenzulernen. Sie verraten, wie die Menschen des Landes "ticken".

Sprichwörter sagen viel über Menschen aus. Sie sind meist über Jahrhunderte als Resultat von Erfahrungen, von Denk- und Lebensweisen der Menschen vor Ort entstanden. Über die Sprache wurden sie von Alt zu Jung weitervermittelt und mit ihnen auch das Gefühl und die Stimmung, die sie tragen. Hier sind ein paar wertvolle portugiesische Sprichwörter:

O amor com amor se paga.
[u ɐˈmor kõ ɐˈmor sə ˈpagɐ]
Wer Liebe sät, wird Liebe ernten.

Mais vale um passarinho na mão do que dois a voar.
[ˈmaiʃ ˈvalə ũ pɐsɐˈriɲu nɐ ˈmɐ̃w̃ du kə ˈdoiʃ ɐ ˈvwar]
Besser den Spatz in der Hand als die Taube auf dem Dach.

O pior cego é aquele que não quer ver.
[u ˈpjɔr ˈsɛgu ɛ ɐˈkelə kə ˈnɐ̃w̃ ˈkɛr ˈver]
Der Blindeste ist derjenige, der nicht sehen will.

Águas passadas não movem moinho.
[ˈagwɐʃ pɐˈsadɐʃ ˈnɐ̃w̃ muˈvẽ ˈmwiɲu]
Lass die Vergangenheit ruhen.

As paredes têm ouvidos.
[aʃ pɐˈredəʃ ˈtẽ owˈviduʃ]
Die Wände haben Ohren.

Jetzt bist du bestens gewappnet für deinen ersten Kontakt mit der portugiesischen Sprache. Es bleibt mir nur noch, dir viel Freude und wunderbare Erfahrungen dabei zu wünschen.

Genieße die portugiesische Sprache wie eine Köstlichkeit, die du dir auf der Zunge zergehen lässt. Dann wird das, was dir vielleicht am Anfang Angst gemacht hat, sich in pure Freude verwandeln.

PONS PORTUGIESISCH
im Handumdrehen

von
Tien Tammada

Originaltitel: โปรตุเกสทันใจพูดได้ด้วยปลายนิ้ว เฑียร ธรรมดา

63/120 Moo 8, Tambon Saothonghin, Bangyai District,
Nonthaburi 11140 Thailand
E-Mail: leelaaphasa2008@gmail.com

1. Auflage 2020 (1,05 - 2025)

www.pons.de

Übersetzung: Ta Tammadien
Co-Übersetzung & deutsche Überarbeitung: Hubert Möller
Korrektur: Olalia Pereira Rodrigues, K. Patanant
Illustrationen Cover: K. Kiattisak
Illustrationen Innenteil: K. Kiattisak, Purmpoon Khamnuanta
Bildnachweis Cover: Mirifada/Shutterstock
Satz/Layout: Wachana Leuwattananon, Vipoo Lerttasanawanish
Logoentwurf: Erwin Poell, Heidelberg
Logoüberarbeitung: Sabine Redlin, Ludwigsburg
Druck und Bindung: Publikum d.o.o

ISBN 978-3-12-516259-4